청소년 인문학 수업, 애니메이션으로 GO!

애니메이션만 봐도 공부가 된다

청소년 인문학 수업, 애니메이션으로 GO!

애니메이션만 봐도 공부가 된다

초판 인쇄 · 2025년 5월 20일
초판 발행 · 2025년 5월 27일

지은이 · 이윤영, 김은진, 이임정
펴낸이 · 한봉숙
펴낸곳 · 푸른사상사

주간 · 맹문재 | 편집 · 지순이 | 교정 · 김수란 | 마케팅 · 한정규
등록 · 1999년 7월 8일 제2-2876호
주소 · 경기도 파주시 회동길 337-16(서패동 470-6)
대표전화 · 031) 955-9111(2) | 팩스 · 031) 955-9114
이메일 · prun21c@hanmail.net
홈페이지 · http://www.prun21c.com

ⓒ 이윤영 · 김은진 · 이임정, 2025

ISBN 979-11-308-2266-2 03300
값 23,000원

저자와의 합의에 의해 인지는 생략합니다.
이 도서의 전부 또는 일부 내용을 재사용하려면 사전에 저작권자와 푸른사상사의
서면에 의한 동의를 받아야 합니다.
이 도서의 표지 및 본문 디자인에 대한 권한은 푸른사상사에 있습니다.

청소년 인문학 수업, 애니메이션으로 GO!

애니메이션만 봐도 공부가 된다

이윤영 · 김은진 · 이임정

책머리에

　애니메이션은 과거부터 지금까지 시대적 기술을 첨예하게 반영한 매체이다. 살아 움직이는 가상세계의 모습은 현실세계와 비교하여 결코 생동감이 떨어지지 않으며, 실사영화 못지않은 미학적 기능을 간직하고 있다. 그래서 애니메이션은 현대 사회상과 시대정신을 표현하는 효과적이고 중요한 메신저로 작동한다.
　이러한 애니메이션의 매체적 특징은 인문학 교육 자료로서 충분한 가능성을 보여주었고, 이러한 이유로 교육 현장에서 애니메이션을 활용한 수업이 적극적으로 이루어져왔다. 그러나 기존의 애니메이션 수업 현장에서 다루는 애니메이션은 흥행에 성공했거나, 일본·미국 등 일부 국가에 치중된 장편 애니메이션 위주라는 점에서, 극문학이라는 장르를 이해하기 위한 도구에 그친다는 점에서 한계가 있었다. 애니메이션을 활용한 교육은 문학 교육의 본질적인 부분을 포함하여 인간을 이해하고 성찰하면서 삶의 방향을 찾는 실존적 인문학적 사고를 기를 수 있는 것을 목표로 해야 한다.
　『애니메이션만 봐도 공부가 된다』는 초등 고학년과 중고등학교 학생들이 인문학적 관점에서 애니메이션을 감상할 수 있도록 감상의 방향성을 제시하고 사고 확장을 위한 질문을 던진다. 인문학적 사고를 바탕으로 깊이 있는 사고를 할 수 있도록 학생들의 길잡이가 되는 것을 목표로 하여 기획되었다.

  작품을 선정할 때 최대한 다양한 국가의 애니메이션을 다루고자 하였고, 특히 작품의 높은 완성도에 비해 빛을 보지 못한 한국 단편 애니메이션 역시 비중 있게 다루었다. 짧은 시간 동안 전하고자 하는 주제를 생생한 영상미로 표현하는 단편 애니메이션은 학생들의 인문학 사고를 길러주는 데 훌륭한 교재가 될 수 있다. 더불어 주제에 맞는 장편 애니메이션도 함께 선정해, 지루하지 않고 즐겁게 인문학을 배울 수 있도록 목차를 구성했다.

  애니메이션의 주제를 생각할 수 있는 다양한 활동을 통해 학생들이 교과서의 중요 개념을 배우고 인문학적 사고로 통찰하고, 이러한 생각들을 글로 정리하는 능력을 키울 수 있을 것이다.

2025년 5월
이윤영, 김은진, 이임정

차례

● 책머리에   5

01   우리는 왜 도덕적 주체가 되어야 하는가?   9

스즈메의 문단속   11
내 이름은 아닌아   35
구름 조금 / 코인 오퍼레이티드 / 검은 악어   53

02   변화하는 사회에서 무엇을 지켜야 하는가?   73

미첼 가족과 기계 전쟁   75
다녀오겠습니다 / 토요일 다세대주택 / 사이좋게   93
벤딩머신 / 보편적인 삶 / 그림자 도둑   113

| 03 | **문화는 개인에게 어떤 영향을 미치는가?** | 135 |

페르세폴리스 137
바다의 노래: 벤과 셀키 요정의 비밀 159
태일이 176

| 04 | **세계시민으로서 어떻게 살아야 하는가?** | 199 |

The Present / 잘못된 바위 201
돼룩돼룩 / 사슴꽃 216
The Turning Point / Migrants / HYBRIDS 234

01

우리는 왜 **도덕적 주체**가 되어야 하는가?

우리는 성장하는 동안 다양한 가치관과 도덕적 문제에 부딪치고, 무엇이 옳고 그른지 판단하며 살아갑니다. 이럴 때 다른 사람의 입장에서 공감하고 반응할 줄 아는 능력이 필요합니다. 또한 옳고 그름을 바르게 가려내기 위해서는 도덕적 지식을 바탕으로 올바른 가치관을 세워야만 합니다.

우리의 가치관은 주변에서 만나는 다양한 사람들의 영향을 받아 만들어집니다. 가정과 학교, 또래 집단 사이에서 마주하게 되는 다양한 가치관은 개인의 자아정체성을 형성하는 데 큰 영향을 미칩니다.

자라나는 동안 이웃과 사회의 영역이 넓어지며 지금까지 습득해온 것과 상충하는 가치관을 마주치게 되기도 하죠. 그럴 때 도덕적 관점에서 올바른 판단을 내리기 위해서는 개인의 성찰이 필요합니다. 각자 다른 의미를 갖고 태어난 우리는 유한한 삶을 가치 있게 만들기 위해 삶의 의미를 성찰하며 자신의 삶을 꾸려 나가야 합니다.

스즈메의 문단속

신카이 마코토 | 일본 | 2023 | 12세 이상 관람가

우리는 살면서 종종 이러지도 저러지도 못하는 상황을 겪습니다. 예를 들면 숙제를 하는 게 옳을지, 노는 것이 좋을지 갈등한 적이 있지요. 숙제를 안 하고 놀면 즐겁지만, 숙제를 안 한 책임이 뒤따르게 됩니다. 숙제를 하면 놀 시간이 없고 괴롭습니다. 이렇게 어느 쪽을 택하든 문제 있는 상황을 '딜레마'라고 부릅니다.

〈스즈메의 문단속〉은 자연재해를 막는 고등학생 스즈메를 통해 '도덕적 딜레마'를 보여주고, 이를 해결하는 과정을 통해 답을 제시합니다.

관련된 교과

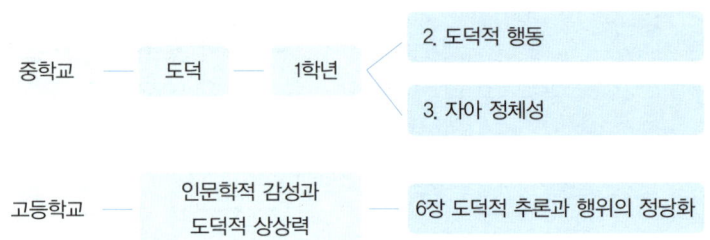

교과서 속 인문학 콘셉트

우리는 더 옳은 일과 그렇지 못한 일을 판단하며 살아갑니다. 이때 무엇이 옳은지 알기 위해서는 도덕적 지식이 필요하며, 다음으로 어떻게 행동하는 것이 옳은지 판단하기 위해서는 도덕적 사고 능력이 필요합니다. 이때 도덕적 행동을 하기 위해서는 민감하게 반응할 수 있는 능력이 필요한데 이를 도덕적 민감성이라 하며, 다른 사람의 입장에서 공감하며 행동을 상상하고 결과를 예측하는 것을 도덕적 상상력이라고 합니다.

이때 이 행동이 정말 도덕적으로 옳은 일인지 판단하는 것이 도덕 판단입니다. 도덕 판단을 하기 위해서는 도덕원리와 사실 판단을 근거로 합리적으로 도덕적 추론을 할 필요가 있습니다. 도덕적 추론은 삼단 논법에 따라 이루어집니다.

이렇게 우리는 도덕적 능력을 기르면서 도덕적 자아 정체성을 형성해 나가야 합니다. 도덕적 자아 정체성은 도덕적 관점에서 자신을 평가하고 반성하며 도덕적으로 행동할 수 있게 해주는 바람직한 자아 정체성입니다.

그렇게 형성된 나의 생각은 나의 사상이 되며, 우리가 현실에서 더욱 어렵고 복잡한 도덕적 딜레마를 마주할 때 더 올바른 판단을 할 수 있도록 도와줍니다.

먼저 알아둬야 할 개념들

도덕적 지식과 도덕적 사고 능력

도덕적 지식은 무엇이 도덕적 행동인지 알기 위한 필수적인 정보이며, 도덕적 사고 능력은 무엇이 도덕적 행동인지 판단하는 능력입니다. 예를 들어 폐비닐 재활용이 에너지 자원 절약에 도움이 된다는 지식을 가지게 되었다면, 이 지식을 근거로 '폐비닐 재활용을 하는 것이 도덕적으로 옳은 일'이라는 판단을 내릴 수 있어야 합니다.

도덕적 민감성과 상상력의 의미

도덕적 행동을 하기 위해서는 어떤 상황을 도덕적 문제로 민감하게 느끼고 도덕적으로 반응할 수 있는 마음이 필요한데, 이를 '도덕적 민감성'이라고 합니다.

또 우리가 도덕적 문제 상황에서 최선의 도덕적 행동을 하기 위해서는 상대방의 처지를 헤아리면서 그 사람을 도울 수 있는 여러 행동을 상상하여 그 결과를 예측해볼 수 있는데, 이러한 능력을 '도덕적 상상력'이라고 합니다.

도덕적 민감성과 상상력은 우리가 도덕적 문제를 민감하게 받아들일 수 있게 합니다. 또한 타인의 고통과 행복에 공감하면서 역지사지의 자세로 상대의 처지를 이해할 수 있게 합니다. 도덕적 민감성과 상상력을 발휘하여 상대의 처지와 마음을 이해하면 도덕적으로 행동하기 수월해지고, 상대를 배려하는 방법도 쉽게 찾을 수 있습니다.

이와 더불어, 도덕적 문제를 해결하기 위한 다양한 대안을 탐색하고 그 대안이 가져올 결과를 예측해볼 수 있게 합니다. 우리의 행동은 자신과 상대방, 그리고 주변 사람에게 영향을 미칠 수 있습니다. 이때 도덕적 민감성과 상상력은 도덕적으로 행동하기 위한 다양한 대안을 탐색할 수 있게 돕고, 그러한 대안이 가져올 결과를 예측해보도록 합니다. 이를 바탕으로 우리는 더욱 적합한 도덕적 행동을 할 수 있습니다.

도덕적 판단과 도덕적 추론

도덕 판단은 '개별적인 도덕 판단'과 '일반적인 도덕 판단'으로 나눌 수 있습니다. '개별적인 도덕 판단'은 어떤 개인이나 하나의 행위에 관해 내리는 판단입니다. 예를 들어 '너의 행동은 옳지 않다', '친구에게 거짓말하는 행동은 나쁘다' 등의 판단은 개별적인 도덕 판단입니다.

'일반적인 도덕 판단'은 모든 사람이나 어떤 종류의 행위 전체에 관해 보편적으로 평가하여 내리는 판단으로서 '도덕 원리'라고도 합니다. 예를 들어 '거짓말을 해서는 안 된다' '약속을 지켜야 한다' 등의 판단이 이에 해당합니다.

'도덕적 추론'은 도덕적 문제 상황에서 도덕 원리와 사실 판단을 근거로 구체적인 도덕 판단을 내리는 것을 뜻합니다. 올바른 도덕적 추론은 근거가 되는 도덕 원리와 사실 판단이 타당하고 사고 과정도 합리적입니다. 이러한 도덕적 추론은 일반적으로 삼단 논법의 형식을 통해 이루어집니다.

- 도덕 원리 : 교칙을 어기는 것은 옳지 않다.
- 사실 판단 : 선생님의 허락 없이 학교 밖으로 나가는 것은 교칙을 어기는 것이다.
- 도덕 판단 : 선생님의 허락 없이 학교 밖을 나가는 것은 옳지 않다.

자아 정체성의 의미

우리는 신체적 특징, 성격, 가치관, 소망, 능력 등을 바탕으로 개인적 존재로서의 자아를 이해할 수 있습니다. '나는 그림을 잘 그린다'와 같이 자신을 이해하는 것은 개인적 존재로서의 자아를 인식하는 것입니다.

'나는 ○○학교 학생이다'와 같이 이해하는 것은 사회적 존재로서 자신을 이해하는 것입니다. 이때 우리는 자신이 속한 공동체에서 맡은 역할과 의무를 파악할 수 있습니다.

개인적·사회적 존재로서 자아를 조화롭게 이해할 때, 자신을 더욱 명확하게 바라볼 수 있습니다. '나'는 단지 자신이 원하거나 할 수 있는 것만 하면서 살아가는 것이 아니라, 공동체 속에서 해야 할 역할이나 의무도 수행하면서 살아가고 있기 때문이지요.

이러한 자아에 대한 이해를 바탕으로, 우리는 '나는 이런 사람이다'라는 자아에 관한 통합적인 생각을 형성할 수 있는데, 이를 '자아 정체성'이라고 합니다.

도덕적 자아 정체성

자아 정체성은 우리가 살아가는 태도에 큰 영향을 미칩니다. 스스로 '나는 이런 사람이다.'라고 생각하면, 그 생각에 맞게 행동하게 되기 때문이에요. 따라서 올바르게 살아가기 위해서는 '도덕적 자아 정체성'을 형성해야 합니다.

도덕적 자아 정체성은 도덕적 관점에서 자신을 평가하고 반성하며 도덕적으로 행동할 수 있게 해주는 바람직한 자아 정체성입니다. 자신의 도덕적 자아 정체성을 점검하기 위해서는 우선 자신의 모습을 성찰하고, 앞으로 이루어야 할 자신의 도덕적인 모습을 그려 보는 것이 중요합니다. 따라서 자신의 과거, 현재, 미래의 도덕적 모습을 꾸준히 성찰하면서 도덕적 자아 정체성을 형성하기 위해 노력하는 삶을 살아야 합니다.

의무론과 공리주의

도덕이 의무감에서 행동하는 것이라면, 의무의 필수 조건을 밝히는 일이 남습니다.

칸트에 따르면 어떤 행동의 도덕적 가치는 결과가 아니라 동기에 있습니다. 중요한 것은 동기이며, 동기는 특정한 종류여야만 합니다. 다시 말해 중요한 건 옳은 일을 해야 한다는 것이며 그 이유는 단지 옳다는 이유 때문이지 다른 숨은 의도가 있어서는 안 됩니다.

공리주의는 도덕의 최고 원칙이 행복을 극대화하는 것, 쾌락이 고통을 넘어서도록 하여 전반적으로 조화를 이루는 데에 있다고 주장합니다. 벤담에 따르면 옳은 행위는 공리(유용성)를 극대화하는 모든 행위입니다. 우리는 고통과 쾌락이라는 감정에 지배됩니다. 이 감정은 우리를 통치하고 모든 행위를 지배할뿐더러 무엇을 해야 하는지도 결정합니다.[1]

학습목표

1 도덕적 행동을 실천하기 위한 방법을 배운다.

2 자아 정체성의 의미를 알아보고 도덕적 자아 정체성을 키운다.

3 두 가지 도덕 이론을 살펴보고 도덕적 딜레마에 대해 배운다.

4 배운 것을 종합해 텍스트 및 문제에 적용해 본다.

---

1 마이크 센델, 『정의란 무엇인가』 2장 공리주의, 5장 칸트 참조.

도덕적 딜레마와 이타적인 대답

과학기술과 인류문명이 발전했어도 해결할 수 없는 문제가 있습니다. 바로 '자연재해'입니다. 재해가 발생하면 재산에 막대한 피해를 끼치는 것은 물론이며, 많은 생명이 죽는 비극적인 참사가 되기도 합니다.

2011년 3월 11일, 일본 동북부에서 7도 정도의 대지진이 지나간 후 큰 쓰나미가 일어났고, 이로 인해 무수한 인명피해가 발생했습니다. 게다가 그 지역 원자력 발전소가 붕괴되며 토양과 자연이 오염되었습니다. 이 비극은 여전히 이어지고 있습니다.

〈스즈메의 문단속〉 주인공 스즈메는 이 사고의 피해자입니다. 사고로 어머니를 잃었지만, 이모와 함께 살면서 스즈메는 밝은 성격의 고등학생으로 성장합니다. 평소와 같던 스즈메의 하루는 한 남성과 마주친 후 바뀝니다. 그 남성은 스즈메에게 근처에 있는 폐허에 대해 묻고, 스즈메는 산에 있는 폐허를 알려주고 헤어집니다. 하지만 그를 어디선가 본 것 같은 기시감을 느낀 스즈메는 학교 대신 산으로 발길을 돌립니다. 산에서 오래된 리조트 폐허에 들어간 스즈메는 신비한 문을 발견하고 문을 열지만 스즈메는 광활한 밤하늘과 마주하고 뒷걸음질 칩니다. 그 바람에 조그만 석상을 밟는데, 그 석상은 살아 움직이고 기묘한 사건을 마주한 스즈메는 뒤돌아보지도 않고 학교로 도망쳐 옵니다.

스즈메의 행동은 모두 악의 없는 호기심에서 비롯되었지만 커다란 재앙을 불러들입니다. 스즈메가 학교에서 모두가 보지 못하는 검은 그림자를 혼자 보고 폐허로 다시 가보니, 아침에 마주쳤던 남자가 검은 그림자를 문밖으로 나오지 못하도록 막고 있었습니다. 스즈메는 그를 도와 겨우 그림자를 가두지만, 미처 가두지 못한 그림자 탓에 스즈메의 마을에서 지진이 일어나고 맙니다.

그 남자의 이름은 '소타'이며, 전국을 돌며 재앙이 문밖으로 나오지 않도록 봉인하는 일을 하고 있습니다. 다친 소타를 치료해주는 스즈메 앞에 삐쩍 마른 아기 고양이가 나타났고 스즈메는 고양이에게 먹을 것을 주면서 "우리 집 아이가 될래?"라고 묻습니다. 그 말을 들은 고양이는 기뻐하면서 동시에 소타는 방해된다며 그를 스즈메의 아이용 의자로 만들어버립니다.

두 사람은 고양이 '다이진'을 쫓아 마을을 떠나게 되고, 다이진이 가는 곳마다 지진이 일어난다는 사실을 알게 되면서 그를 막기 위해 전국 방방곳곳을 누비게 됩니다.

스즈메는 소타와 여행 도중 많은 사람을 만나고, 때로는 그들의 도움을 받기도 합니다. 그러나 다이진만 잡으면 모든 게 해결될 줄 알았던 스즈메에게 예상치 못한 시련이 닥칩니다.

다이진은 원래 지진이 나지 않도록 땅을 지키는 '요석'이었지만, 풀려나면서 그 역할이 소타에게 넘어갔고, 도쿄 대지진이 일어나지 않으려면 소타가 희생해서 요석이 되어야 합니다.

행복하고 즐거웠던 여행이 비극적으로 바뀌어버리자, 스즈메에게 두 가지 질문이 다가옵니다. 지진을 막기 위해 소타가 희생하는 것이 옳은 일인지, 함께 여행해 온 소중한 소타를 살리는 게 옳은 일인지 관객 역시 스즈메와 마찬가지로 질문을 받습니다.

스즈메는 '소타를 살리겠다'는 결정을 내립니다. 스즈메가 이렇게 결정을 내릴 수 있던 판단과 배경은 무엇일까요? 또한 스즈메의 선택은 우리가 앞으로 사는 데 어떤 깨달음을 주게 될까요?

스즈메의 도덕적 정체성 형성과 도덕 판단 과정

소타가 맨 처음 지진을 일으키는 존재인 '미미즈'를 막는 과정에서 다치자, 스즈메는 민감한 반응을 보입니다. 괜찮다는 소타를 집으로 데리고 가, 응급치료를 해줍니다. 칭찬하는 소타에게 스즈메는 '어머니가 간호사였기 때문에'라고 말합니다.

처음에는 스즈메가 어떻게 어머니를 잃었는지 이유가 나오지 않습니다. 후반부에 스즈메의 과거가 밝혀지며 간호사였던 어머니가 사람들을 구하려다가 실종되었다는 사실이 드러납니다. 소타를 치료해주는 장면은, 스즈메가 어머니의 이타심을 이어받았다는 점을 나타냅니다. 하지만 어머니의 사고는 스즈메에게 상처를 안겨주기도 했습니다. 그 마음의 상처 탓에 스즈메는 소중한 사람이 사라지는 상황을 원하지 않습니다.

스즈메는 자신을 '평범한 고등학생'으로 정의하지만 '이타적인 사람'을 추구하며 그에 맞춰 행동하고 있습니다. 누군가를 구하거나 돕기 위해서는 위험을 불사하기도 합니다. 그렇게 된 근거에는 '어머니처럼 또 누군가를 잃기 싫어서'라는 감정이 담겨 있습니다.

그렇기 때문에 소타가 요석이 되어 희생당해야 하는 상황을 비판합니다. 소타는 이미 저세상에 있으며 구할 수 없으므로 돌아가라는 소타의 할아버지에게 스즈메는 그럴 수 없다고 주장합니다. 스즈메는 다음과 같이 도덕 판단하고 있음을 알 수 있습니다.

- 도덕 원리 : 사람이 희생되는 것은 옳지 않다.
- 사실 판단 : 소타가 요석이 되는 것은 자연적인 죽음이 아니라 일방적인 희생이다.
- 도덕 판단 : 소타가 요석이 되는 것은 일방적인 희생이므로 옳지 않다.

스즈메는 자신의 도덕적 정체성과 그에 맞는 도덕 판단을 따라 소타를 구하는 선택을 합니다. 만약 스즈메가 다른 환경에서 다른 삶을 살았다면 다른 정체성을 형성했을 것이고, 다르게 판단했을 수도 있습니다. 소타의 할아버지처럼 소타는 여러 사람을 구하기 위해 어쩔 수 없는 운명을 맞이했으며, 스즈메의 생각은 도덕적이지 못하다고 비판할 수 있습니다.

사실 소타나 어머니는 스즈메에게 중요한 대상이며, 그들을 모르는 대부분의 사람들은 생각이 다를 수 있습니다. 어머니는 여러 사람을 구하다가 희생된 영웅적인 인물이고, 소타 역시 요석이 된다면 지진을 막고 많은 사람을 구할 수 있습니다. 심지어 소타를 원래대로 되돌린다면 지진을 막을 요석이 없어지기 때문에 다시 재앙이 일어날 수 있습니다. 이 애니메이션 속에서 이 문제는 다소 동화적으로 해결되지만, 중요한 도덕적 딜레마를 제시합니다. 이에 대한 스즈메의 도덕 판단과 그 후 해결 과정은 이 애니메이션의 주제와 관련지어 볼 수 있습니다.

도덕적 딜레마와 이타심

도덕적 딜레마에 대해 다음과 같은 사고 실험이 있습니다.

여러분은 육교 위에서 전차가 아래쪽 선로로 질주하는 것을 보고 있습니다. 전차가 질주하는 곳 방향의 선로 위에서 직원 몇 명이 일하고 있습니다.

이때 여러분은 어떤 문제가 생겨서 전차가 멈추지 못한다는 사실을 깨달았습니다. 전차를 막기 위해서는 선로에 무거운 물건을 던져야만 합니다. 그러나 지금 여러분 주변에는 전차를 멈출 만큼 무거운 물건이 없습니다.

이때 전차를 충분히 멈출 수 있을 만큼 뚱뚱하고 무거운 사람 한 명이 여러분 옆에 서 있습니다. 심지어 그는 난간 위로 몸을 숙이며 전차를 바라보고 있습니다. 여러분이 살짝 밀기만 하면 그는 선로 위에 떨어져 전차를 멈추게 할 것입니다.

이 사람을 밀어 전차를 멈추게 하는 행위가 도덕적으로 허용될 행위일까요?

　만약 사람을 민다면 이 사람을 죽고, 밀지 않는다면 전차 때문에 많은 사람이 전차에 치여 죽거나 다치게 될 것입니다. 여러분이 어느 쪽 선택을 하든지 누군가를 죽이게 됩니다.

　이때 여러분에게 살인 책임이 있는지, 그렇다면 어떻게 해야 하는지, 혹은 책임 자체가 성립되지 않는지 판단하는 것이 도덕적 딜레마 문제 해결입니다.

　먼저 사람을 밀어 전차를 멈춰도 된다고 생각해보세요. 그렇게 생각한 근거는 '많은 사람을 살리기 위해서 이 사람을 미는 게 옳다'고 판단했기 때문입니다. 일반적인 사회 규칙대로라면 사람을 죽였기 때문에 살인죄가 적용되겠지만, 이 상황에서는 오히려 그 사람을 살리는 것이 더 많은 사람의 생명을 포기하는 선택이 될 수 있습니다. 또한 전차 안 사람들은 한 개인만 존재하는 것이 아니라, 사회의 일원으로서 가족이나 친구 등 다양한 관계를 맺고 있습니다. 즉 이 사고는 사회적으로 더 큰 혼란과 파장을 야기할 수도 있습니다. 한 사람이 죽는 것보다 더 큰 단위로 사람들이 고통스러워할 수 있습니다. 그리고 사고를 수습하는 국가적 비용도 훨씬 크게 들어갈 것입니다.

　이렇게 보면 무거운 사람 한 명을 희생하는 것이 더 합리적으로 보이지만, 문제는 그렇게 간단히 해결되지 않습니다. '여러 사람을 살리기 위해 한 사람을 죽여도 된다'는 칸트의 윤리적 입장에서 보면 옳지 않습니다. '여러 사람을 살리기 위해'라는 이유가 이미 들어가 있기 때문입니다. 결과적으로 더 나은 선택이라고

해서 결코 옳은 선택은 아닙니다. 이에 대해서는 이렇게 질문해 보며 생각할 수 있습니다. '그 사람은 왜 죽어야 하는 사람일까?'

달리 말하면 그 뚱뚱한 사람이 나를 밀어서, 내가 죽고 전차에 탄 사람들을 구할 수도 있는 문제입니다. 하지만 당연히 내가 그 죽는 대상이 되기 원하지 않습니다. 그것은 뚱뚱한 사람 역시 마찬가지입니다. 그저 그 자리에 있었다는 이유만으로 '죽어도 되는 사람'이 된 것입니다. 그가 전차 안에 있는 사람들을 위해 죽어야 할 이유는 아무것도 없습니다. 그래서 많은 사람을 구하기 위해 그 사람을 미는 행위는, 그 사람을 인간이 아닌 많은 사람을 구하기 위한 '수단'으로 보는 것입니다. 만약 이걸 당연한 행위로 여긴다면 이 역시 사회적 혼란을 일으킬 수 있습니다. 예를 들어 네 식구가 곧 굶어 죽을 상황입니다. 그런데 가족 일원 중에 병에 걸린 노인이 있습니다. 노인을 죽이고 사회적 활동이 가능한 세 사람이 먹을 것을 나눠 먹으며 사는 것이 더 합리적일 수 있습니다. 이런 선택을 당연하게 볼 수 있을까요?

애니메이션 〈스즈메의 문단속〉 역시 이 도덕적 딜레마를 묻습니다.

스즈메는 저세상에서 소타의 목소리를 듣습니다. 소타는 스즈메와 함께한 추억을 되새기면서 '죽기 싫다', '살고 싶다'고 외칩니다. 소타는 원해서 요석이 된 것이 아니며, 그냥 '그렇게 해도 되는' 사람이기 때문에 요석이 됐던 것입니다.

이때 스즈메는 소타를 살리면서, 대신 자신이 요석이 되겠다고 선언합니다. 이것이 애니메이션 속 도덕적 딜레마에 대한 스즈메의 대답입니다.

　스즈메가 스스로 요석이 되겠다는 선택은 소타가 요석이 된 것과는 결이 다릅니다. 소타는 스스로 원해서 요석이 된 것이 아니지만, 스즈메는 스스로 그렇게 결정했으므로 타인에게 희생당하는 것이 아닙니다. 스즈메의 행동 뒤에는, 스즈메가 걸어온 길에서 만난 사람들의 영향이 있습니다.

　먼저 스즈메의 어머니는 스스로 나서 사람들을 구했습니다. 스즈메의 이모는 죽은 자매를 대신해 스즈메의 어머니 역할을 맡아 본인의 삶은 뒷전으로 돌리며 살았지만 스즈메를 키운 것을 후회하지 않습니다. 여행 중 만난 사람들도 스즈메에게 대가를 요구하지 않고 스즈메가 무사히 목적지까지 가도록 도와줬습니다.

　이 행동들의 근원에는 모두 타인에 대한 '이타심'이 있습니다. 타인에게 공감하고 그의 문제를 대가 없이 도와주는 마음이 '이타심'입니다. 스즈메가 추구하는 정체성 역시 '이타적인 사람'이었고, 소타 대신 요석이 되겠다는 선택을 함으로써 스즈메가 원하던 대로 성장했다는 점을 알 수 있습니다.

　다이진 역시 스즈메와 마찬가지로 성장합니다. 다이진은 스즈메의 가족이 되고 싶었기 때문에 소타가 희생됐어도 평소와 다를 바 없이 행동하다가 스즈메에게 미움을 받습니다. 하지만 마지막에 소타 대신 요석이 되겠다는 스즈메의 결정을 듣고, 다이진은 스즈메가 요석이 되지 않도록 돕습니다.

　다이진은 단순한 고양이가 아니라 사람들에게 즐거움과 행복을 주는 존재입니다. 그러므로 고통보다 쾌락을 추구하는 것이 다이진의 정체성에 가깝습니다. 따라서 많은 사람을 구하고 즐겁게 만드는 것을 다이진은 당연히 여깁니다. 그래서 스즈메가 소타가 죽고 슬퍼하는 것을 공감하지 못했습니다. 소타는 많은 사람을 구하기 위해 당연히 그렇게 되어야 했으니까요. 그리고 스즈메의 소원대로 자신이 가족이 되면 스즈메가 즐거워할 거라고 생각했으나 그렇게 되지 않았습니다.

다이진은 어린아이처럼 천진난만하지만 다소 이기적이기도 합니다. 처음에는 그냥 즐겁게 쫓던 다이진이 대지진 앞에서 사악한 모습을 보이는 것도 그런 이기적인 면모를 보여주는 것이기도 합니다. 즉 다이진은 '그냥 한 명이 희생해서 모두 살리고 더 즐거운 결과를 가져올 수 있다'고 주장하는 측의 모습을 하고 있습니다. 그렇지만 스즈메가 다른 선택을 하자, 다이진은 풀이 죽어 말이 없어집니다. 그것은 스즈메가 천진난만했던 어린 소녀에서 이타적인 어른으로 성장하는 과정에서 겪는 갈등으로 보이기도 합니다. 스즈메는 모든 결단을 한 뒤에 저세상으로 가기 전에 다이진과 완전히 화해를 합니다. 즉 스즈메의 정체성이 통합된 것입니다.

다이진은 다시 요석으로 돌아가면서 스즈메에게 '결국 너희 집 아이가 되지 못했어'라는 말을 남깁니다. 이 말은 몇 가지 가능성을 두고 볼 수 있습니다. 먼저 스즈메는 다이진을 자기 집 가족으로 삼으며 안락하게 사는 대신 이타적인 힘든 선택을 했기 때문에 그렇게 말했다고 볼 수 있습니다. 또 다른 가능성은 스즈메가 여전히 구할 수 없는 사람들이 있었으며, 그들의 목소리를 대변

했다고 볼 수 있습니다.

정체성이 통합되어 성장한 스즈메는 소타와 모든 사람을 구하는 선택을 했으며, 그 근간에는 이타심이 있었습니다. 그것이 본 애니메이션이 전하고자 하는 메시지로, '모두가 이타적으로 도와야 재난을 이겨낼 수 있다'는 점을 전달하고 있습니다.

결론

도덕적 딜레마는 현대사회의 다양한 문제와도 연결돼 있으며 이는 어떤 관점을 따라도 반드시 문제를 낳는 어려운 상황들입니다. 떠올릴 수 있는 한 가지 사례로 '안락사' 같은 문제가 있습니다. 이 상황 속에서는 어떤 관점과 사회적 배경을 가져오더라도 다른 하나가 또 문제됩니다.

〈스즈메의 문단속〉은 이 상황을 '이타심'을 놓고 봐야 한다고 주장합니다. 다소 동화적인 해결 방식도 사실 개인의 이타심으로 일어난 하나의 기적으로 볼 수도 있습니다. 앞서 설명했던 '달리는 전차를 향해 사람을 밀어야 하느냐 말아야 하느냐'는 사고 실험에 대한 답도, 누군가를 밀거나 말거나 하는 두 가지 답변만 두지 말고 '스스로 남을 구하기 위해 뛰어내릴 수 없는가?'란 세 번째 답을 제시합니다. 이때 선택을 한 당사자는 스스로 옳다고 판단했기 때문에 자신을 수단으로 삼는 것이 아니며, 남을 수단으로 삼지도 않습니다. 그래서 스즈메가 내린 답변과 이타심은 칸트가 주장한 '의무'에 가장 부합하는 자세일 수도 있습니다.

물론 문제가 완전히 사라지지는 않습니다. 스즈메의 결론은 과연 완전히 희생이 아니라고 단정 지을 수 있을지 비판할 수 있습니다. 또한 스즈메 같은 사람들 몇 명이 이타심을 발휘한다고 모든 사람이 재난에서 안전하게 피할 수 있는 것도 아닙니다. 재난은 인간이 완전히 예측하고 피할 수 있는 영역이 아니기 때문입니다.

후자에 대해서 〈스즈메의 문단속〉은 하나의 메시지를 전달합니다. 스즈메는 소타와 함께 문단속을 하면서 그 장소에 살았던 사람들의 '목소리'를 듣습니다. 폐허가 되었어도 그곳에 살았던 사람들의 기억과 추억이 그곳에 남아 있는 것입니다. 모든 게 사라져도 기억은 남으며, 그래서 서로 상관없고 모르는 사람이어도 공감할 수 있는 것입니다. 그렇게 함께 더불어 살면 된다고 〈스즈메의 문단속〉은 말하고 있습니다.

생각 펼치기(토론 논술 활동)

1 내가 생각하는 '도덕성'과 실천하기 위한 방법을 써보세요.

2 내가 스즈메라면 어떤 선택을 내렸을지 도덕 판단과 함께 써보세요.

3 다음 글을 읽고 질문에 따라 글쓰기를 해보세요.

> 헌법재판소가 찬반 논란이 큰 존엄사(회복 가망이 없는 환자의 연명 치료 중단) 문제를 본격적으로 다뤄보기로 했다. 존엄사가 필요하다는 여론이 적지 않음에도 국회가 이를 법제화하지 않은 것(입법부작위)이 헌법 정신에 반하는 것인지를 정식 심판 대상에 올리기로 한 것이다.
> (중략)
> 이번 헌법소원 청구 목적은 국회가 존엄사 관련 법안을 마련하지 않아 국민의 기본권 보장을 위해 입법해야 하는 의무를 위반했는지 여부를 따지기 위한 것이다. 현행법에는 존엄사를 허용하는 근거가 없고, 존엄사를 돕거나 방치할 경우 오히려 살인 또는 자살방조 혐의로 처벌받을 가능성이 더 크다. 결국 존엄사를 원하는 당사자와 가족의 기본권이 침해되고 있는데도, 국회가 관련 법을 마련하지 않고 있는 건 헌법상 행복추구권과 자기결정권 등을 침해하는 행위라는 게 이씨 측 주장이다.
>
> 이씨는 척수염 환자로 하반신이 마비된 뒤 극심한 통증에 고통받고 있다. 이씨는 지난해 9월 '존엄사 입법 촉구' 기자회견에서 "저를 비롯해 통증으로 고통받는 분들을 위해서라도 (존엄사) 제도화가 꼭 필요하다"며 "인간의 존엄성에는 살아있는 인간의 존엄성뿐 아니라 죽음의 존엄성까지 포함됐으면 하는 마음이 간절하다"고 호소했다.

1) 위 기사에 나온 존엄사에 대해 찬성/반대의 입장을 나눠보세요. 그리고 그 입장의 근거를 간단히 써보세요.

찬성	반대

2) 위에서 작성한 근거를 도덕적 추론에 따라 정리해보세요. 또한 어떤 도덕 이론에 따라 결정했는지 생각해보세요.

도덕 원리 :

사실 판단 :

도덕 판단 :

도덕 이론

3) 존엄사 문제는 현재 진행 중인 대표적인 도덕적 딜레마 문제 중 하나입니다. 왜 이 문제가 해결되지 않는지 개인적/사회적 관점에 따라 생각해보고 의견을 써보세요.

개인적 관점	사회적 관점

4) 2)에서 작성한 도덕적 추론 및 판단과 3)에서 생각한 도덕적 딜레마가 서로 맞물리는지, 혹은 충돌하는지 검토해보세요. 검토 결과 맞지 않는 부분이 있다면 충돌하는 부분과 이유를 써보세요.

5) 최종적인 입장 및 근거를 삼단법칙에 맞춰 정리하여 작성해보세요. 또한 충돌하는 부분을 참고하여 반대 입장에 대한 비판을 작성해보세요.

존엄사를 찬성/반대

존엄사를 찬성/반대하는 근거

도덕 원리 :
사실 판단 :
도덕 판단 :

존엄사를 찬성/반대하는 것에 대한 비판

생각 날기(글쓰기)

일상에서 일어나는 딜레마를 주제로 에세이를 써보세요. 주제는 자유이며 '내가 내린 결론과 그 이유'를 포함해 써보세요.

내 이름은 아닌아

알프레도 소데르기트 | 우루과이, 콜롬비아 | 2013 | 전체 관람가

사회적 동물인 인간은 가정과 학교, 직장 등에서 여러 사람과 다양한 방식으로 관계를 맺습니다. 이를 통해 언어와 생활 습관은 물론, 사회의 규칙과 규범을 학습하죠. 이렇게 다양한 인간관계 속에서 우리는 사회화 과정을 거치고, 사회와 타인의 시선을 통해 스스로를 바라보며 자아 정체감을 형성해 나갑니다. 하지만 다양한 사람이 부딪히는 사회 속에서 좋은 관계만 만들어 나갈 수 있는 것은 아닙니다. 때로는 친구와 싸우기도 하고, 나와 다른 가치관을 가진 사람들의 부당한 인식과 편견에 부딪히기도 하죠. 그렇기 때문에 청소년기에 내가 마주하는 여러 인식과 가치관의 옳고 그름을 구별하는 것은 한 사람의 인간으로 성장하는 과정에서 겪어야 할 커다란 숙제이기도 합니다.

관련된 교과

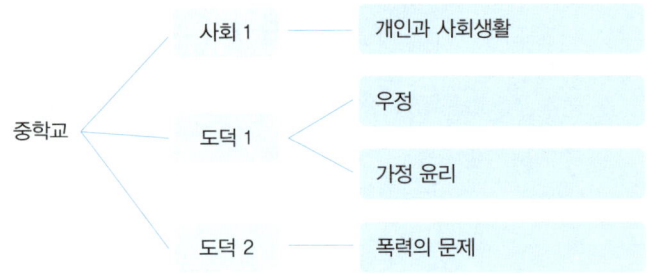

교과서 속 인문학 콘셉트

사회적 존재로서의 인간은 타인과의 지속적 상호작용 속에서 자신이 속한 사회에 필요한 언어와 행동 양식, 지식과 가치관 등을 배워나갑니다. 이를 사회화라고 하는데요. 인간은 사회화를 거치며 사회구성원으로 성장하는 한편 개인의 자아를 형성해갑니다. 또래 집단은 청소년기의 자아 정체감 형성에 가장 큰 영향을 미치는 요소 중 하나입니다. 또래 집단 내에서 친구와 우정을 나누는 일은 나 자신을 인격적으로 성장시키는 동시에 타인을 배려하는 성숙한 사람이 되도록 도와줍니다.

하지만 관계를 형성하는 과정에서 다른 사람과 갈등을 빚기도 하고, 갈등은 때로 폭력을 낳기도 합니다. 폭력은 신체적으로도, 언어적으로도 발생할 수 있어요. 직접적인 폭력 행위는 물론, 따돌림과 사이버 폭력과 같이 정당치 못한 방법으로 상대를 강제로 제압하는 모든 행위를 폭력이라 합니다. 폭력은 당한 사람의 인격을 훼손하고 사회 혼란을 불러오며 사회질서를 무너트립니다. 폭력의 피해자는 신체적·정신적 고통을 겪습니다. 개인과 사회에 피해를 끼치는 폭력을 예방하기 위해서는 갈등을 평화적으로 해결하려는 자세를 지녀야 합니다.

먼저 알아둬야 할 개념들

폭력

폭력은 정당치 못한 방법으로 상대를 강제로 제압하는 모든 행위를 말합니다. 신체 폭력, 언어폭력, 따돌림, 금품 갈취, 사이버 폭력 등 우리는 일상 속 다양한 갈등 상황에서 폭력을 경험할 수 있습니다. 폭력은 다른 사람에게 피해를 주며, 피해자는 신체적 고통은 물론 폭력에 관한 두려움으로 정신적 고통을 겪습니다. 폭력은 다른 사람의 인격을 훼손하며, 사회 혼란을 일으키고, 또 다른 폭력을 낳아 폭력의 악순환을 불러오며 사회질서를 무너트립니다.

폭력을 예방하기 위해서, 개인적 차원에서는 분노를 조절하고 자신의 행동에 따른 결과를 예측해보아야 합니다. 그리고 폭력에 관한 민감성을 기르고 타인에게 공감하는 마음을 길러야 하며, 갈등 상황에서 평화롭게 해결하려는 자세를 지녀야 합니다.

우정

우정은 친구 사이에 나누는 정신적 유대감이나 정(精)을 뜻합니다. 새로운 사회적 관계를 형성하려는 욕구가 강해지는 청소년기에 청소년들은 서로를 이해하고 공감할 친구와 우정을 나누는 일을 중요하게 생각합니다. 우정은 정서적 안정을 주며 성숙한 인격 형성에 도움을 줍니다. 우정은 자신을 인격적으로 성장시키는 동시에 타인을 배려하는 따뜻한 마음을 가꾸도록 도와, 이웃과 인류에 대한 사랑의 출발점이 됩니다.

사회화

인간은 생애 전반에 걸쳐 타인과 관계를 맺으며 살아가는 사회적 존재입니다. 인간은 사회 구성원과의 지속적 상호작용 과정에서 인간다운 인간으로 성장합니다. 인간이 자신이 속한 사회에 필요한 언어와 행동 양식, 지식과 가치관 등을 배워나가는 과정을 사회화라 합니다. 인간은 사회화를 통해 사회 구성원으로 성장해가며, 이 과정에서 개인의 개성과 정체성이 형성됩니다. 가정, 또래 집단, 학교, 직장 등을 통해 사회규범과 규칙을 학습하며 사회화가 이루어지는데, 현대사회에서는 대중매체가 사회화에 많은 영향을 끼칩니다.

학습목표

1 일상 속에서 다양한 방식으로 맺는 여러 가지 관계에 대해 이해할 수 있다.

2 사회화와 자아 정체감 형성에 대해 이해할 수 있다.

3 사회화의 결과로 만들어진 나를 돌아보며 성찰하는 글을 쓸 수 있다.

관계 속에서 바라보는 나와 우리

　우리는 다양한 방식으로 세상과 관계 맺고 살아갑니다. 가정에서는 부모님과, 학교에서는 친구와 관계를 맺고 살아가죠. 선생님이나 주변 이웃들처럼 주변에서 만나는 사람들과도 여러 가지 관계를 맺습니다. 이와 같은 사회적 상호작용을 통해 우리는 사회규범과 관습을 배우면서 한 사람의 사회 구성원으로 성장할 수 있습니다.

　그렇지만 나를 둘러싼 다양한 환경 속에서 자아 정체감을 형성해가는 청소년기에 친구나 부모님과 좋은 관계를 맺는 것이 쉽지는 않습니다. 하지만 좋은 관계를 맺는 일이 나에게만 어려운 일은 아닐 겁니다. 다른 사람들은 어떻게 주변과 관계를 맺고 살아가는지 이야기를 통해 들여다볼까요?

　〈내 이름은 아닌아〉는 똑바로 해도 거꾸로 해도 이름이 똑같은 아닌아가 세상과 다양한 관계를 맺으며 조금씩 성장해가는 과정을 담은 애니메이션입니다. 아닌아의 이야기를 통해 가족, 친구, 주변과의 관계 맺음을 통해 어떤 방향으로 성장해 나갈 수 있는지 생각해보세요.

카피쿠아와 코끼리도 친구가 될 수 있을까?

아닌아는 거꾸로 해도 똑같은 이름이 놀림 받는 게 가장 큰 고민거리인 열 살 어린이입니다. '아닌아'는 거꾸로 해도 똑같다는 의미의 '카피쿠아'를 좋아하는 아빠가 지어준 이름이죠. '카피쿠아'는 카탈로니아어로 머리를 뜻하는 '카피'와 꼬리를 뜻하는 '쿠아'가 합쳐진 말입니다. 아닌아의 아빠는 앞뒤가 똑같은 이름이 행운을 지녔다고 생각해서 그런 이름을 지어줬어요. 이름이 싫은 것은 아니지만, 아닌아는 친구들이 이상하게 여기고 놀리는 게 싫어서 머리와 꼬리가 똑같은 이름을 지어준 아빠가 원망스럽습니다. 심지어 아닌아의 정식 이름은 아닌아 야타이 살라스(Anina Yatay Salas)입니다. 이름과 성 모두가 앞으로 읽어도 뒤로 읽어도 똑같은 카피쿠아 이름인 거예요.

놀림 당하는 이름이 고민인 아닌아는 자신의 이름을 놀리는 것에 예민합니다. 같은 반 친구인 이셀과 싸우게 된 것도 이름 때문이었어요. 운동장에서 부딪히는 바람에 이셀의 샌드위치를 떨어트린 아닌아는 자신을 카피쿠아라 놀리는 이셀에게 "적어도 코끼리보다는 낫지"라고 받아칩니다. 통통한 이셀의 몸집을 비하하며 놀린 거예요. 서로의 약점을 공격받은 두 친구의 말다툼은 폭력으로 이어집니다. 아닌아와 이셀에게 '카피쿠아'와 '코끼리'는 각자의 자존감에 상처를 내는 말입니다. 외모 비하나 별명 부르기처럼 모욕하기 위해 상대방의 약점을 공격하고 인격을 훼손하는 것은 대부분의 사람들이 쉽게 인지하지 못하는 폭력입니다. 폭력은 또 다른 폭력을 낳아 폭력의 악순환을 불러옵니다.

싸움의 결과로 두 사람은 부모님과 함께 교장실에 불려가게 됩니다. 교장 선생님은 밀랍으로 봉인된 봉투를 주며 일주일 동안 뜯지 말고 가지고 다녀야 한다는 벌을 줍니다. 봉투 속이 궁금한 아닌아에게 친구 플로렌시아가 해결책을 내놓습니다. "네 봉투를 절대 열지 말라고 했지, 이셀의 봉투를 열지 말라고는 안 했어"라고요.

아닌아와 플로렌시아는 이셀의 봉투 속을 들여다보기 위한 수사를 시작합니다. 이셀이 가는 곳을 따라다니면서 봉투를 어디 놓는지 지켜보는 거예요. 아닌아는 이셀을 주의 깊게 살피기 시작합니다. 이셀은 식료품점에서 외상으로 식료품을 사고, 빵집에 들렀다가 낡은 아파트 건물로 들어가죠. 별다른 이유 없이 마음에 들지 않아서, 코끼리 같아서 이셀을 싫어했던 아닌아는 이셀의 가방 안에서 이셀의 아빠가 보낸 엽서를 보고 난 뒤 이셀의 사정을 알게 됩니다. 이셀의 아빠는 호주로 일하러 가셨고, 이셀은 아빠와 떨어져 살고 있었어요. 이셀의 엄마는 일을 하느라 이셀을 혼자 두고 집에 늦게 들어오시죠. 다른 모든 집에 불이 꺼진 깜깜한 밤에도 엄마를 기다리는 이셀의 집에는 늦게까지 불이 켜져 있습니다. 이셀의 처지를 알게 된 아닌아는 이셀을 코끼리라고 놀린 것을 후회합니다. 코끼리는 이셀이 아니라 자기 자신이었다고 생각하게 되죠.

거꾸로 해도 똑같다는 의미의 '카피쿠아' 이름은 아닌아의 아빠가 행운을 불러온다고 생각해서 지어준 이름이지만, 특이한 이름은 다른 친구들에게 놀림거리가 되기도 합니다. 놀림을 받는 당사자는 이름에 얽힌 이야기를 알아보려 하지도, 이해하려 하지도 않는 친구들이 야속할 거예요. 하지만 뒤집어 생각해보면, 가족들이 바빠 건강한 음식을 챙겨먹을 여유가 없는 이셀의 상황을 모른 채 '코끼리'라 놀린 아닌아도 이셀의 입장에서 야속하기는 마찬가지였을 겁니다. 내가 싫은 것은 남도 싫다는 당연한 사실을 아닌아는 이셀의 사정을 알고 입장을 이해해가며 점점 받아들이게 됩니다. 선생님께 혼날 위기의 상황에서도 이셀의 도움으로 위기를 모면하기도 하죠. 이셀을 향한 편견을 벗어버리게 되면서 아닌아는 이셀을 싫어할 이유가 전혀 없다는 것을 깨닫습니다. 입장 바꿔 생각해보면 조금 더 너그러운 마음으로 친구를 대할 수 있다는 것도요. 아닌아와 이셀은 이제 행운의 카피쿠아 버스표를 선물로 주고받는 친구가 됩니다.

어른이라고 다 옳은 건 아니야

아닌아의 옆에 친구들이 있는 것처럼, 주위에는 아닌아와 다양한 관계를 맺고 살아가는 여러 어른들이 있습니다. 가장 가까이에는 부모님이 있고, 학교에는 선생님이, 이웃에는 이웃집 할머니가 있죠. 아동 청소년기에는 주변 어른들을 통해 그들의 가치관을 학습하고, 그들을 기준으로 옳고 그른 것을 구분하게 되며 이를 통해 사회화됩니다. 그렇기 때문에 어린 시절 주변에 어떤 어른들이 있고 그들을 통해 어떤 가치관을 학습하게 되는지는 자라나는 우리가 앞으로의 인생을 살아가는 데 있어 중요한 요소로 작용합니다.

갓 태어난 아기는 부모의 말을 모방하며 말을 배우고, 자라는 동안 부모의 행동을 모방하면서 생활 습관을 형성합니다. 세상을 바라보는 부모의 관점을 바탕으로 가치관을 형성하기도 하고요. 어린아이들에게는 부모가 선과 악, 좋은 것과 나쁜 것을 가르는 절대적인 기준이 됩니다. 부모의 인정을 얻기 위해 칭찬 받으려고 노력하기도 하고, 반대로 혼이 나게 될까 봐 조심하고 두려워하기도 해요. 아닌아도 마찬가지입니다. 이셀과 다툰 후 교장 선생님이 부모님을 모셔 오라고 했을 때, 아닌아가 가장 걱정하는 것은 아빠의 꾸중입니다. 아빠가 부르는 것이 튀김 냄비에 뛰어드는 것처럼 두렵습니다. 엄마도 학교에서 부모님을 부르는 이유가 궁금할 테지만, '기다려야만 충분히 익는 튀김 요리를 하면서 인내심을 배웠기 때문'에 아닌아를 기다려줍니다. 인내심을 갖고 충분히 기다려줄 수 있는 엄마는 아닌아가 믿고 의지할 수 있는 사람이기도 합니다.

아닌아의 아빠는 아닌아를 친구처럼 대해주는 다정한 사람입니다. 아닌아의 이름도 아빠가 카피쿠아를 행운의 이름이라 생각했기 때문에 지어진 거죠. 하지만 아닌아에게 문제를 객관적으로 바라보고 해결책을 찾도록 만들어주는 현실적인 사람이기도 합니다. 이셀이 아빠와 만날 수 있다는 이야기를 듣고 싶어 하는 아닌아에게 그러지 못할 수도 있다는 사실을 알려주고, 대신 이셀을 저녁식사에 초대하는 것은 어떠냐며 서로에게 위로가 될 수 있는 대안을 알려주죠. 인내심을 가지고 아닌아를 기다려주는 엄마와 현실적이지만 다정한 아빠의 생각과 가치관을 배우며 아닌아는 자신을 둘러싼 주변의 다른 세상과 관계 맺는 법을 알아갑니다.

가정에 부모님이 있다면, 아닌아의 학교에서는 선생님이 이와 같은 역할을 담당합니다. 하지만 아이들의 주변에 언제나 좋은 어른들만 존재하는 것은 아닙니다. 학교에도 좋은 선생님과 나쁜 선생님이 있죠. 바로 아우로라 선생님과 아게다 선생님입니다. 아우로라 선생님은 학생들의 잘못을 부드러운 방법으로 바로잡아주는 사람입니다. 교장실에서 받은 벌이 무엇인지 말하지 않는 아이들을 두고 칠판에 '아닌아와 이셀은 나쁜 학생'이라고 쓴 같은 반 친구들에게 친구를 놀리는 것은 나쁜 일이라고 단호하게 가르쳐주는 선생님이지만, 결코 체벌로 훈육하는 법이 없죠. 사이가 좋지 않은 이셀과 아닌아 사이에 친밀감을 형성할 수 있도록 하기 위해 구급함 관리를 맡기기도 합니다. 구급함 관리를 '아주 중요한 일'이라고 칭하며 아이들에게 책임감과 자부심을 갖도록 하면서요. 아우로라 선생님은 두 사람이 자발적으로 학급을 위한 일을 하면서 자연스럽게 친해질 수 있도록 하는 사려 깊은 교육자입니다.

학교의 또 다른 선생님인 아게다 선생님은 정반대의 성향을 가지고 있습니다. 아이들이 잘못한 일을 잔소리하듯 나무라며, 체벌과 훈계가 최선의 교육법이라 믿는 사람이에요. 나무에서 떨어져 다친 파블로에게 조심하지 않고 멋대로 하다가 다친 것이라며 "이럴 줄 알았다"고, "매를 아끼면 아이를 망친다"고 말하기도 합니다. 사람은 언제든 실수할 수 있고, 실수를 반성하며 성장하는 존재이지만 아게다 선생님은 아이들을 처음부터 당연히 잘못을 저지르는 말썽쟁이라고 단정합니다. 아이들이 선한 의지를 가지고 있다는 것을 믿지 않기 때문에 매로 다스려야 한다고 생각하죠. 아닌아의 이웃집 할머니도 아닌아가 실수로 저지른 잘못을 '도덕과 규율을 무시하는 요즘 사람'이 저지른 짓이라 얘기하며 체벌을 통해 아이를 가르쳐야 한다고 생각합니다.

아닌아의 주변에는 서로 대치되는 가치관을 가진 어른들이 자신의 방식대로 아이를 교육하기 위해 애씁니다. 각자의 가치관이 옳다고 믿으면서 말이죠. 하지만 중요한 것은 아이들이 스스로의 가치판단 기준을 믿고 자발적으로 행동할 수 있도록 이끌어주는 것입니다. 체벌과 훈계를 통해 가치관을 학습하도록 강요당한 아이들은 어떤 행동이 왜 나쁘고 왜 옳은지, 왜 이렇게 행동하면 안 되는지 제대로 알지 못한 채로 판단 기준을 외부에 맡긴 채 수동적으로 사고하게 됩니다.

때문에 아동과 청소년의 가치관 형성을 위해서는 어른의 역할이 중요합니다. 아닌아의 엄마가 이웃집 할머니가 건네준 책으로 아닌아를 체벌하기를 거부한 것처럼 말이죠. 아닌아의 엄마는 자신만의 교육철학을 가지고 타인의 시선에 흔들리지 않고 아닌아를 지켜줍니다. "돼지 목에 진주목걸이"라는 할머니의 말에 장난스럽게 꿀꿀거리며 부드럽게 대응하면서요. 자신을 믿어주고 지켜주는 엄마의 영향으로, 파블로에게 매를 들려는 아게다 선생님에게 아닌아는 용기 있게 맞설 수 있게 됩니다. 벌을 주는 것 말고는 다른 방법이 없다는 선생님에게 다른 방법이 있을 거라고 외치면서 말이죠.

뒤집어도 똑같은 이름처럼

청소년의 가치관 형성에는 주변인의 역할이 중요합니다. 그런데 앞서 말했듯이, 우리 주변에는 선한 마음과 올바른 가치관을 알려줄 좋은 어른만 있는 것은 아니죠. 어떤 부분은 반드시 스스로 옳고 그름을 가려 판단해야만 합니다. 그렇다면 옳고 그름을 판단하는 기준은 어떻게 세울 수 있을까요? 밀랍으로 봉인된 편지 봉투를 주었던 교장 선생님에게서 그 답을 찾을 수 있습니다. 두 사람은 일주일 동안 봉투를 열어보지 말아야 한다는 벌을 받지만, 사실 봉투 안에는 아무것도 들어 있지 않았습니다. 약속을 어기고 봉투를 열어봤기 때문에 벌을 받을까 봐 두려워하는 아닌아에게 교장 선생님은 규율만이 중요한 것은 아님을 일깨워줍니다. 중요한 것은 편지를 가지고 다니는 동안 자신의 잘못을 돌아보고 서로를 생각하며 입장을 바꿔보고 이해하는 마음이었던 거예요.

우리는 때때로 별것 아닌 일로 친구와 싸우기도 하고, 외모나 행동이 마음에 들지 않는다는 이유로 누군가를 싫어하기도 합니다. 하지만 잘 알지 못해 싫어했던 친구에게도 각자의 고민과 각자의 사정이 있는 법이죠. 단순히 싫다는 이유만으로 자세히 들여다보려 하지 않아 오해를 쌓아가기도 합니다. 조금만 가까이에서 살펴보면 이셀과 아닌아처럼 서로의 아픔을 공감하고 이해할 수 있을 텐데도 말이에요. 거꾸로 해도 똑같은 이름처럼, 우리는 모두 똑같은 사람이니까요.

  우리는 살면서 다양한 사람과 다양한 상황을 마주하고, 우리 나름의 가치판단을 내리며 살아갑니다. 하지만 때로는 편견이나 단순한 불쾌감 때문에 잘못된 가치판단을 내릴 수도 있을 겁니다. 그럴 때마다 상대방의 입장을 생각하고 이해하려 노력해야 합니다. 상대방의 상황과 처지를 생각하고, 상대방이 겪게 될 아픔이나 슬픔을 함께 생각해보는 거예요. 폭력이 나쁜 것은 누군가의 몸과 마음에 상처를 남기기 때문입니다. 육체적 폭력은 물론, 사소한 말 한마디에도 누군가는 상처 입을 수 있다는 것을 언제나 생각하며 살아가야 합니다. 이는 내가 살아가면서 맺는 모든 관계에 적용될 수 있습니다. 나 자신에게도 마찬가지죠. 타인은 물론 나 자신에게 공감하고 그들의 상처를 생각할 수 있을 때, 우리는 비로소 건강한 가치관을 가진 한 사람의 인간으로 성장할 수 있을 것입니다.

생각 펼치기

1 거꾸로 해도 똑같은 이름이 콤플렉스인 아닌아는 '세상에서 가장 추한 이름 목록'에 자신이 없다는 것에 안심하는 한편, 아닌아라는 이름이 추한 이름 목록에 올라갈까 봐 항상 불안해합니다. 여러분에게도 타인의 시선과 기준 때문에 놀림 받은 적이 있거나, 남들에게 숨기고 싶은 콤플렉스가 있나요? 있다면 무엇인지, 콤플렉스가 된 원인은 무엇인지 생각해보세요.

예) 키가 작다.

나의 콤플렉스

예) 다른 사람들의 미적 기준

콤플렉스의 원인

2 최근 가장 마음에 두고 있는 가치관이나 반드시 지켜야 한다고 생각하는 규칙이 있나요? 그렇다면 그런 생각은 어디에서 왔을까요? 내가 생각하는 상식과 가치관이 어디서 왔는지, 누구를 통해 배운 것인지 생각해보세요.

예) 친구를 따돌리면 안 된다.

반드시 지켜야 하는 가치관/규칙

예) 부모님께/학교에서 배워서, 따돌림 당하는 친구를 보거나 겪었던 적이 있어서 등.

가치관/규칙을 습득한 경로

3 내 주변의 친구, 부모님, 이웃 등, 우리가 만나는 다양한 사람들은 각자의 생각과 가치관을 가지고 살아갑니다. 이들의 생각이 내 생각과 다르다고 느껴본 경험도 있을 거예요. 주변 환경의 영향을 받아 형성되는 가치관은 시대와 환경에 따라 달리 만들어지기도 합니다. 그렇다면 이들의 가치관은 무엇의 영향을 받아 만들어졌을까요? 주변 사람들의 나와 다른 가치관은 무엇인지, 가치관이 형성된 이유는 무엇인지 생각해보세요.

	나와 다른 가치관	가치관이 다른 이유
친구		
부모님		
이웃		

생각 날기

우리는 주변 사람들과 여러 가지 관계를 맺으며 살아갑니다. 그렇지만 모든 사람과 좋은 관계만을 맺고 살아가는 건 아니죠. 자신만의 규범으로 나를 단정 지으려 하는 타인을 만나기도 하고, 때로는 타인의 규범으로 스스로를 단정 짓기도 합니다. 사회적 편견이나 인식 때문에 나 자신을 숨기거나 부끄러워해본 경험이 있나요? 당시 경험을 생각하며 스스로에게 편지를 써보세요.

구름 조금
피터 손 | 미국 | 2009

코인 오퍼레이티드
니콜라스 아리올리 | 미국 | 2018

검은 악어
장나리 | 대한민국 | 2017 | 12세 이상

삶의 시작이 생명이라면 삶의 마지막에는 죽음이 서 있습니다. 우리가 태어나 생명을 얻은 건 내가 계획한 것이 아니라 우발적으로 맞이하게 된 것이고 죽음 또한 그렇게 갑작스럽게 찾아옵니다. 내 인생의 가장 중요한 삶과 죽음을 결정한 권한이 나에게 주어져 있지 않다고 생각하면 삶이 허무해집니다. 하지만 삶에 시작과 끝이 있기 때문에 삶의 과정이 더욱 소중해집니다. 자기 결정권이 없는 삶에서 벗어나기 위해 우리는 어디에서 왔으며 왜 태어났는지, 그리고 무엇을 하면서 주어진 시간을 보내야 하는가에 대해 고민하고 삶의 가치를 발견하려는 노력이 필요합니다. 가치를 발견하고 실천하는 주체적 삶을 일구어낼 때 삶과 죽음으로부터 속박된 삶이 아닌 자유로운 삶을 얻게 됩니다.

학업, 게임, 유튜브 등으로 인해 사유할 틈이 없이 바쁘게 지내는 현대인은 인간의 본질인 삶과 죽음에 관한 생각을 할 시간이 없습니다. 그러면 삶의 가치, 시간의 소중함을 생각하지 못합니다. 〈구름 조금〉, 〈코인 오퍼레이티드〉, 〈검은 악어〉는 우리에게 주어진 삶의 가치가 무엇인지 보여줍니다.

관련된 교과

| 중학교 | — | 도덕 2 | — | 3. 삶의 소중함 02. 죽음을 어떻게 생각해야 할까 |
| 고등학교 | — | 윤리와 사상 | — | 6장 도덕적 추론과 행위의 정당화 |

교과서 속 인문학 콘셉트

한정된 시간이 주어진 인간 삶의 끝에는 죽음이 있습니다. 도덕 교과서는 죽음을 도덕적으로 성찰하면 삶의 가치를 발견할 수 있다고 알려줍니다. 그리고 죽음에 관한 도덕적 성찰은 마음의 평정을 찾는 계기가 될 수 있으며, 남아 있는 삶과 주위 사람들을 더욱 소중하게 여기는 마음을 가져옵니다. 우리는 교과서에 있는 삶과 죽음에 관한 개념을 익히고, 이를 토대로 우리에게 주어진 시간을 가치있게 만들기 위한 구체적인 목표를 세울 수 있습니다.

먼저 알아둬야 할 개념들

죽음
죽는 일. 생물의 생명이 없어지는 현상을 이릅니다.

죽음의 특징
보편성·필연성 : 어떤 지위에 있든 얼마나 많은 재산을 가졌든 간에 모든 사람은 죽는다는 사실을 피할 수 없습니다.

예측 불가능성 : 수명이 다해 자연스럽게 죽거나 병에 걸리거나 갑작스러운 사고를 당해 목숨을 잃기도 합니다.

불가역성 : 사람은 누구나 언젠가 생을 마감해야 하고 죽은 이후에는 다시 되돌릴 수 없습니다.

일체개고

일체의 모든 것이 고통일 수밖에 없음을 의미한다. 인간은 자기 자신과 현실 세계가 영원히 존속한다고 집착함으로써 탐욕(貪), 분노(瞋), 어리석음(癡)의 삼독(三毒)에 빠져 고통받게 됩니다.

학습목표

1 삶과 죽음, 꿈에 대해 생각해볼 수 있다.

2 나에게 주어진 삶의 시간 동안 무엇을 할지 계획할 수 있다.

3 버킷리스트를 작성하고 이를 통해 삶의 목표를 세울 수 있다.

우린 왜 이 세상에 태어났을까

삶을 구성하는 중요한 두 축인 삶과 죽음은 뫼비우스 띠처럼 이어져 있습니다. 삶의 끝에는 죽음이 있고 죽음이 있기 때문에 우리 삶이 더욱 소중해집니다. 그래서 문학, 영화, 예술은 죽음을 중요한 주제로 다룹니다. 우리는 그 작품들을 감상하면서 죽음과 삶에 대해 생각하고, 그로 인해 가치 있는 삶을 가꾸어나갈 수 있습니다.

단편 애니메이션 〈구름 조금〉, 〈코인 오퍼레이티드〉, 〈검은 악어〉는 인간에게 주어진 유한한 시간을 어떻게 보내야 하는지에 대해 생각할 수 있는 작품입니다. 세 편의 애니메이션이 보여준 생명 탄생과 죽음의 순간을 감상하면서 우리 삶에서 가장 본질적인 인간 존재와 가치의 문제에 대해 생각해볼 수 있습니다.

〈구름 조금〉 : 우린 왜 태어났을까

우리의 생명은 어디에서 왔을까요? 우리나라에서는 삼신할머니가 생명을 점지해주셨기 때문에 우리가 세상에 나올 수 있었다는 이야기가 전해져 내려오고 있습니다. 유럽에는 황새가 아이를 물어온다는 이야기가 있죠. 〈구름 조금〉은 유럽의 황새 이야기를 모티프로 한 작품입니다.

노을이 지는 멋진 오후, 황새들은 예쁜 아기가 든 보자기를 사람들이 사는 집 앞에 두고 옵니다. 눈부시게 빛나는 새하얀 뭉게구름은 럭비 선수가 될 씩씩한 아이, 작은 강아지와 새끼 고양이 등 귀엽고 예쁜 아기들을 빚고 황새들은 그런 아기들을 세상에 보내줍니다.

하얀 뭉게구름과 황새들이 행복한 분위기를 풍기고 있을 때 회색 먹구름은 난처한 웃음을 짓고 있습니다. 털이 듬성듬성하게 나 있고 병약해 보이는 황새가 다가오는 걸 본 먹구름은 활짝 웃으며 황새를 안아줍니다. 황새가 먹구름에게 손을 내밀자 먹구름은 황새에게 수줍게 새끼 악어를 보여줍니다. 새끼 악어는 황새를 보자마자 머리를 물어버리고 그걸 보고 놀란 먹구름은 새끼 악어를 달래 황새로부터 떼어놓습니다. 새끼 악어가 담긴 보자기를 세상에 보내주고 먹구름에게 돌아온 황새는 털이 더 많이 빠져 있고 더욱 지쳐 보입니다. 먹구름은 털이 듬성듬성한 황새에게 뿔이 큰 새끼 동물, 새끼 고슴도치를 수줍게 건네고, 황새는 아기들을 다시 세상에 보내주는 일을 반복하면서 결국엔 대머리가 되고 맙니다.

대머리가 된 황새가 새하얀 뭉게구름 곁으로 떠나는 걸 본 먹구름은 슬퍼 눈물을 흘립니다. 하지만 황새는 먹구름을 떠난 것이 아니라 헬멧과 보호 장비를 구하려고 했던 것입니다. 헬멧과 보호 장비를 착용하고 돌아온 황새를 본 먹구름은 수줍게 웃으며 새로 빚은 아기를 건넵니다. 황새는 더 이상 두려워하지 않고 두 팔 활짝 벌려 아기를 껴안았지만 이내 짜릿한 전기 감전을 맛보게 됩니다. 이번에 먹구름이 건넨 아기는 헬멧과 보호 장비로 막을 수 없는 전기뱀장어였거든요.

세상에 생명을 가진 모든 존재는 태어난 이유가 있습니다. 예쁜 강아지도 태어난 이유가 있고 무시무시한 악어도 태어난 이유가 있습니다. 생명은 그 자체로 소중한 거니까 귀하거나 천한 것이 있을 수 없습니다. 그렇다면 우리는 왜 태어났을까요?

우리는 우리가 왜 태어났는지를 고민하는 과정에서 존재의 의미를 발견하게 됩니다. 우리 사회에는 생일이 되면 생일 축하 노래를 불러 탄생의 기쁨을 함께 나누는 문화가 있습니다. 그런데 사춘기가 되면서부터 '왜 태어났니, 왜 태어났니, ○○○도 못하는데 왜 태어났니'라는 노래 가사로 바뀝니다. 인간의 발달 단계를 보면 청소년 시기에 내가 왜 태어났는지를 고민하게 되는데, 청소년이 생일 축하 노래를 개사해서 부른다는 것은 이러한 발달 단계를 정확하게 보여주는 것이기도 합니다. 하지만 다른 사람과의 비교를 통해 내가 태어난 이유를 찾거나 자신의 존재를 평가해서는 안 됩니다.

사람을 동일한 잣대로 평가하는 현대사회에서는 사회에서 요구하는 기준에 미치지 못하는 인간을 쓸모없는 존재로 평가합니다. 남보다 예쁘지 않거나 성적이 높지 않으면 그 사람이 중요한 존재가 아니라고 생각합니다. 하지만 외모나 성적이 존재를 평가하는 절대적 기준이 될 수 없습니다. 우리는 남보다 더 좋은 직업을 가지기 위해, 남보다 더 높은 성적을 받기 위해 태어난 것이 아닙니다. 먹구름은 악어도, 전기뱀장어도, 고슴도치도 세상에 꼭 필요한 존재라고 생각했기 때문에 생명을 만들었습니다. 이처럼 우리는 이 세상에 꼭 필요한 존재이기 때문에 태어났으며, 그러므로 생명을 가진 그 자체로 귀중한 사람이라는 걸 생각해야 합니다.

〈코인 오퍼레이티드(Coin Operated)〉: 이 세상에 태어난 우리는 무엇을 해야 할까?

여러분은 어렸을 때 어떤 꿈을 꾸었고, 지금은 어떤 꿈을 꾸고 있나요? '사람에게 도움을 주면서 살아갈 거야'라는 삶의 태도도 꿈이 될 수 있고 '나는 과학자가 되어 사람들에게 도움이 되는 물건을 발명할 거야'라는 구체적 직업도 꿈이 될 수 있습니다. 꿈, 장래 희망은 삶의 태도와 원하는 직업을 모두 포함하는 말이지만 언젠가부터 꿈을 떠올리면 직업만 생각하게 되었습니다. 어떤 직업을 원하더라도 결국엔 공부를 잘해야 꿈을 이룰 수 있다고 생각했기 때문에 학생들은 성적을 올려 상위권 대학에 진학하는 것이 곧 꿈이 되어버렸습니다. 그리고 성적이 낮은 학생들은 영원히 꿈을 이룰 수 없다는 절망감을 안고 지내게 됩니다.

꿈을 잃어버린 학생들을 위해 언젠가부터 진로 독서가 유행처럼 퍼지기 시작했어요. 학생들은 꿈을 가져야 한다고 강요하면서도 꿈이 왜 필요한지에 대해서 누구도 알려주지 않습니다. 인간은 왜 꿈을 꾸어야 하고, 우리 사회는 왜 꿈을 잃어버린 사람들이 많아졌을까요? 그 이유를 〈코인 오퍼레이티드〉를 통해 찾아볼 수 있습니다.

우주여행을 꿈꾸는 소년이 있습니다. 소년은 엄마와 길을 걷던 중 우주선 놀이기구를 발견하고 동전을 넣어 탑승합니다. 소년은 놀이기구가 날아오르길 잔뜩 기대하고 기다렸지만, 놀이기구가 내는 삐걱거리는 소리와 시시한 움직임을 보고 이내 실망합니다. 소년은 동전이 부족하기 때문에 우주선 놀이기구가 시시한 움직임을 보여준다고 생각했어요. 그래서 신나는 우주여행을 위한 돈을 마련하기 위해 레모네이드 장사를 시작하고 그렇게 시작된 레모네이드 장사는 소년이 할아버지가 될 때까지 이어집니다.

레모네이드를 파는 소년은 아저씨가 되어서도 노인이 되어서도 얼굴에서 미소가 떠나지 않습니다. 이 미소는 레모네이드를 파는 즐거움에서 얻는 것이 아니라 우주여행의 꿈을 마음속에 간직하고 있기 때문이라고 생각할 수 있습니다. 소년을 통해 알 수 있듯이 꿈은 우리 마음에 희망의 씨앗을 남기고, 희망은 즐거움과 설렘이라는 꽃을 피웁니다.

레모네이드 가게를 운영하기 어려워진 할아버지는 은퇴를 결심하고 가게에 영업 종료 팻말을 붙입니다. 그리고 지금까지 일해서 모은 동전 자루를 끌고 우주선 놀이기구를 향해 걸어갑니다. 할아버지는 자루에 담긴 동전들을 놀이기구에 쏟아부은 후 놀이기구에 타지만 놀이기구는 움직이지 않습니다. 이에 실망한 할아버지가 놀이기구를 툭툭 두들기자, 동전 투입구에 걸린 동전들이 움직이면서 놀이기구 안으로 들어가고, 놀이기구는 하늘을 향해 힘차게 나아갑니다. 이때 할아버지는 소년의 모습으로 바뀌면서 활짝 웃습니다.

할아버지는 그동안 모은 동전 자루를 끌고 우주선 장난감 앞으로 향하는데요, 할아버지는 이 순간을 위해 평생 레모네이드를 만들었어요. 어떻게 보면 미련해 보일 수도 있겠지만 우주여행의 꿈은 할아버지에게 삶의 원동력이 되었어요. 다른 사람이 보기에 어리석어 보이는 꿈일 수 있지만 다른 사람의 시선이나 평가는 중요하지 않습니다. 중요한 건 그 꿈을 얻는 과정에서 내가 무엇을 얻는가입니다. 할아버지는 장난감 놀이기구가 움직이는 순간에 소년으로 변합니다. 이건 정말 소년으로 변한 것이 아니라 소년의 마음을 간직하고 있는 할아버지를 표현한 것으로 생각할 수 있습니다. 이렇듯 꿈은 우리에게 삶의 즐거움을 주고 영원히 소년의 마음을 간직하게 하는 마법 같은 힘을 가지고 있습니다.

〈검은 악어〉:
내 마음속 두려움에게 남기고 싶은 말 "내가 ○○ 줄게"

〈검은 악어〉는 3장으로 구성되어 있는데 1장의 제목은 '남자는 사는 게 무섭고 그의 어미는 아들이 죽는 게 무섭다'입니다. 한 남자가 구급차에 실려가고, 그 모습을 남자의 어머니와 이웃 여자가 바라봅니다. 남자의 어머니는 언젠가는 아들이 자살을 시도할 걸 눈치채고 있었으나 아들이 언제 자살을 시도할지 몰라 두려웠습니다. 남자의 어머니는 아들 곁에 있는 죽음의 그림자를 보면서도 아들을 도와줄 방법이 없어 그저 지켜볼 수밖에 없었을 겁니다. 모든 부모님은 자식이 무엇을 하는 게 중요한 게 아니라 존재 그 자체가 소중하니까 곁에 있기를 바라지만 자식은 그런 부모님의 심정을 모릅니다. 고난과 외로움은 중요한 걸 볼 수 있는 눈과 마음을 멀게 만들어버리기 때문입니다.

2장 '볕이 잘 들지 않는 그 방 한 칸조차 여자의 것이 아니다'에서는 여자의 일상을 보여줍니다. 여자가 자살한 남자를 구급차가 싣고 가는 장면을 보고 난 후 여자의 집에 검은 악어가 나타났습니다. 여자는 검은 악어가 죽은 남자를 잡아먹는 환상을 보게 되면서 검은 악어에게 두려움을 느낍니다. 여자가 어두컴컴한 반지하 방에서 삼각 김밥과 컵라면으로 끼니를 때울 때도, 쓸 내용이 없어 하얀 여백으로 가득한 자기소개서를 바라보고만 있을 때도, 검은 악어는 여자의 주변을 떠나지 않습니다. 두려움을 참다 못해 사람들에게 도움을 구하지만 다른 사람들 눈에는 악어가 보이지 않습니다. 여자는 사람들에게 도와달라고 할 수 없기 때문에 컴퓨터 빈 파일에 '살려주세요'라는 글자를 썼다가 지우기를 반복합니다.

남자와 여자 곁에서 맴돌던 검은 악어는 어떤 존재이며 검은 악어는 왜 여자와 남자에게만 보일까요? 빛도 제대로 들지 않는 반지하 단칸방은 세상과 동떨어진 공간이며 하얀 여백의 자기소개서는 여자가 세상에 보여줄 만한 삶의 이야기가 없는 사람이라는 걸 보여줍니다. 이렇게 세상과 분리된 곳에서 가치 없는 사람이라는 걸 스스로 매일 확인하면서 여자는 위축되어 갔을 것입니다.

작품에서 여자는 세상에 혼자 남겨진 존재이며 사회에서 점점 존재를 잃어가는 존재라고 볼 수 있습니다. 이러한 여자의 심리적 상태는 이미지로 나타납니다. 방에 있는 작은 창으로는 지나가는 사람들의 다리만 보입니다. 자기소개서를 쓸 때 커서가 깜빡이듯이 여자의 몸이 깜빡거리고, 지나가는 사람의 그림자가 여자를 투과해 지나갑니다. 사람이 온전히 보이지 않고 깜빡거리게 된다는 것과 그림자가 여자를 투과한다는 것은 그 사람의 존재가 희미해 가는 것으로 이해할 수 있습니다. X선은 단단하지 않은 물질은 투과하는 특징이 있습니다. 그래서 촬영을 하면 단단한 뼈만 보이고 단단하지 않은 물질은 보이지 않죠. 그림자가 여자를 지나간다는 건 여자가 엑스선에 찍힌 뼈처럼 단단한 존재가 아니라 X선이 투과해 보이지 않는 X-ray 필름의 검정 여백 같은 존재임을 보여주는 것입니다. 이는 사람이 머물지 않고 지나가는 상태, 세상에서 존재감이 없는 상태라고도 생각할 수 있습니다.

여자의 모습에는 사회 어느 곳에도 소속되지 못한 우리 사회의 취준생, 또는 소외된 이웃이 겹쳐집니다. 악어가 여자에게만 보이고 다른 사람들에게 보이지 않는 것처럼, 청년 실업 문제와 사회구조에 의해 밀려난 소외된 사람이 안고 있는 문제는 본인만 느낄 수 있는 두려움일 것입니다. 그래서 이들은 문제를 해결할 길이 찾지 못하고 더욱 절망에서 벗어날 수 없게 됩니다. 그렇다면 두려움에서 해방되기 위해서는 남자처럼 죽음을 선택할 수밖에 없을까요?

마지막 장 '내가 ( )줄게'를 보세요. 여자가 머리를 다시 질끈 묶고 거울을 보자 거울 속에는 검은 악어가 있습니다. 여자는 검은 악어를 안아주고 검은 악어는 여자로 모습이 변하면서 다시 악어로 변해 여자를 향해 입을 크게 벌립니다. 거울 속 모습은 여자의 내면에 감추어진 속마음이라고 볼 수 있습니다. 반복된 실패로 만들어진 좌절감, 불안, 외로움 등의 마음이 모여 검은 악어가 만들어지지만, 여자가 거울 속에 보이는 검은 악어를 피하는 것이 아니라 따뜻하게 안아주는 용기를 내었기 때문에 검은 악어는 여자의 모습으로 돌아옵니다. 여자가 용기를 내었기 때문에 죽음으로 삶을 닫는 것이 아니라 희망찬 내일을 열 수 있습니다.

인간은 다양한 원인으로 두려움과 고통을 느끼게 됩니다. 어떤 문제는 개인 스스로가 노력해서 극복할 수도 있지만 사회구조로 인해 발생한 문제들은 개인이 노력해도 해결할 수 없습니다. 사회구조로 인한 문제는 대개 소외 계층이 떠안게 되고 이들이 가진 각각의 어려움을 다른 사람들로부터, 사회로부터 공감받지 못할 때 인간 소외 현상이 발생합니다. 이러한 소외는 결국 사람을 잠식해 죽음에 이르게 하는 극단적인 결과를 가져오기도 합니다.

개인은 내 안의 검은 악어를 잘 다스려 어떤 문제가 발생해도 희망을 잃지 않으려고 노력해야 합니다. 사회는 적극적으로 사회 문제를 해결하려는 노력과 함께 사회 구성원이 사회 속에서 어떤 삶을 살 수 있게 만들어야 하는가에 대한 고민을 해야 합니다.

'내가 (   )줄게'에서 괄호에 넣을 말은 무엇일까요? 우리 마음속 악어와 잘 지내기 위해 우리는 그 악어에게 무엇을 주어야 하는지 생각해 보면 좋겠습니다.

우리는 무엇을 남길 수 있을까?

우리는 언제일지 모르지만 언젠가 죽음을 맞이하게 됩니다. 하지만 현대인은 어제와 같은 오늘을 반복하고 바쁜 하루를 보내면서 무한한 시간이 주어졌다고 착각하게 됩니다. 나에게 무한한 시간이 주어졌다고 생각하면 삶이 소중해지지 않고 가치 있는 시간을 보내지 못하게 됩니다. 항상 죽음을 생각할 수는 없겠지만 유한한 시간이 주어졌다는 걸 잊어서는 안 됩니다. 유한한 시간이 주어졌다는 걸 자각하면 주어진 삶과 주위 사람들이 더욱 소중하게 생각되면서 능동적인 삶의 태도를 가질 수 있게 됩니다. 이를 통해 내가 원하는 것이 무엇인지, 내가 무엇을 하면 좋을지에 대해 생각할 수 있습니다.

〈구름 조금〉에서 알려준 것처럼 모든 생명은 소중합니다. 귀여운 아기, 강아지, 위험한 악어, 전기뱀장어 등 누구나 이 세상에 필요한 존재이기 때문에 태어난 것입니다. 우리는 그렇게 소중한 존재라는 걸 잊어서는 안 됩니다. 또한 〈코인 오퍼레이티드〉처럼 꿈은 나에게 행복과 기쁨을 주고 소년의 마음을 간직할 수 있게 도와줍니다. 하지만 그 과정에서 많은 실패를 맛보고 좌절하게 됩니다. 그럴 땐 〈검은 악어〉의 여자처럼 검은 악어를 따뜻하게 안아줘야 합니다. 그리고 내 주변에 있는 가족과 친구들을 살펴 보세요. 세상에 필요한 소중한 존재라는 걸 알려주세요. 그리고 이루기 힘든 꿈을 가지고 있더라도 응원해주어야 합니다. 실패하고 힘들어한다면 검은 악어를 안아줄 수 있도록 도와주세요.

생각 펼치기(토론 논술 활동)

1 우리는 왜 태어났을까요? 가족, 친구와 함께 토의해보세요.

엄마가 태어난 이유	엄마 생각 :
	아빠 생각 :
	내 생각 :
	동생 생각 :
아빠가 태어난 이유	엄마 생각 :
	아빠 생각 :
	내 생각 :
	동생 생각 :
○○○가 태어난 이유	

2 꿈은 삶의 태도와 구체적 직업 모두를 포함한 말입니다. 그동안 꾸었던 꿈을 나열해본 후 영원히 간직하고 싶은 꿈을 이유와 함께 말해보세요.

삶의 태도	예) 다른 사람들과 행복하게 지낼 거야.
하고 싶은 일	예) 한 달에 한 번 모험을 떠날 거야.
직업	예) 다른 사람을 보살펴주는 직업

3 〈검은 악어〉의 세 번째 제목은 '내가 (   )줄게'입니다. 괄호 안을 채워보세요.

'내가 (   )줄게'
이유:

생각 날기

1 미국 소셜 펀딩 사이트 킥스타터에는 '티커(Tikker)-당신의 삶을 계산하는 손목시계'라는 글이 올라왔습니다. 이 시계는 자신에게 남은 시간을 계산해 표시해줍니다. 여러분에게 남겨진 시간을 시계에 적고, 이를 토대로 버킷리스트를 작성해보세요.

순서	남은 시간	할 일
1	년 월 일	

01 우리는 왜 도덕적 주체가 되어야 하는가?

2   년   월   일

3   년   월   일

4   년   월   일

5   년   월   일

6   년   월   일

구름 조금 / 코인 오퍼레이티드 / 겊은 왁어

마무리 : 주제 논술

체벌을 허용해야 하는가?

　최근 서울 한 초등학교에서 교사가 사망하는 안타까운 사건이 있었죠. 교사의 죽음 이후 교사의 생활지도에 대해 학생과 학부모의 무차별 고소가 이어지는 현실에 대해 경각심이 늘어났습니다. 정부와 여당은 '학생인권조례'가 이러한 문제의 원인이라고 보고 학생의 인권을 지나치게 강조해 교사의 교권이 침해된다고 말하며 학생인권조례의 폐지를 요구했습니다. 학생인권조례에는 학생이 누릴 자유를 보장하는 내용은 있지만 책임과 의무에 대한 조항은 빠져 있다는 것입니다. 하지만 반대 의견을 가진 입장에서는 교사의 교권 침해가 학생의 인권을 강조했기 때문은 아니라는 입장입니다. 학생인권조례가 없는 곳에서 교권 침해가 더 많이 일어나며, 교권 추락의 원인을 학생인권조례로 보는 것은 문제의 본질을 흐리는 일이라는 겁니다. 여러분은 이에 대해 어떻게 생각하나요? 한쪽의 입장을 선택해 적절한 근거를 들어 자신의 생각을 논술하여 써보세요.

학생인권조례

제2장 학생인권
제2절 폭력 및 위험으로부터의 자유
제6조(폭력으로부터 자유로울 권리)
① 학생은 체벌, 따돌림, 집단괴롭힘, 성폭력 등 모든 물리적 및 언어적 폭력으로부터 자유로울 권리를 가진다.
② 학생은 특정 집단이나 사회적 소수자에 대한 편견에 기초한 정보를 의도적으로 누설하는 행위나 모욕, 괴롭힘으로부터 자유로울 권리를 가진다.
③ 교육감, 학교의 장 및 교직원은 체벌, 따돌림, 집단괴롭힘, 성폭력 등 모든 물리적 및 언어적 폭력을 방지하여야 한다.

학생인권조례에 대한 나의 생각

02

변화하는 사회에서
무엇을 지켜야 하는가?

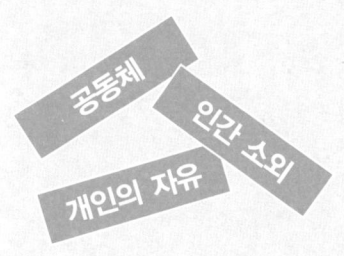

인류는 수렵 채집에 의존했던 원시사회부터 농경사회까지 무리를 지어 생활했고, 무리가 발달해 국가라는 형태가 만들어집니다. '인간은 사회적 동물'이라는 말에서 알 수 있듯이 공동체를 이루는 건 인간의 원초적 본능이라고 볼 수 있습니다.

이와 반대되는 인간의 본능에는 자유가 있습니다. 산업화 혁명이 일어나고 근대로 전환하면서 개인을 발견하게 되는데, 근대 이후 공동체보다 개인의 자유를 인정하고 존중하는 자유주의가 발달합니다. 하지만 자유주의는 인간 소외를 낳는다는 비판을 피할 수 없습니다.

결과적으로 인간은 공동체를 이루려는 본능과 개인의 자유를 누리려는 두 본능 사이에서 갈등이 생겨날 수밖에 없으며, 두 본능 사이에서 균형을 이루어야 하는 것이 우리가 해결해야 할 과제입니다.

미첼 가족과 기계 전쟁

마이클 리안다, 제프 로우 | 로드 밀러 프로덕션 |
미국 | 2021 | 전체 관람가

가족은 신체적, 정신적으로 끈끈하게 맺어진 관계입니다. 특히 부모 자녀 관계는 더욱 밀접하며, 자녀의 아동기까지는 정신적으로 하나로 묶어진 관계라고도 할 수 있습니다. 부모는 아이에게 무엇을 하라고 지시하고, 아이는 그런 부모의 말을 전적으로 신뢰하고 수용합니다. 그러다가 아이가 청소년기에 들어서면 부모와 정신적으로 분리되면서 서서히 독립이 시작됩니다. 독립한다는 것은 다른 사람에게 기대지 않고 혼자 생각과 판단을 할 수 있는, 개별적인 '나'라는 존재가 형성된다는 것입니다. 부모는 자신의 아이가 말을 잘 듣는 고분고분한 아이로 성장하길 원하지만, 아이는 부모의 생각을 따르기보다는 자기가 생각하고 원하는 걸 결정하기를 원하면서 갈등이 시작됩니다. 부모와 아이가 서로 생각이 다르니 소통이 단절되면서 가족 간의 갈등은 깊어집니다.

〈미첼 가족과 기계 전쟁〉은 독립을 원하는 딸 케이티와 딸과의 거리를 좁히기 위해 노력하는 아빠 릭을 통해 부모와 자녀가 분리되면서 겪는 성장통을 보여줍니다. 기계들의 반란으로 세계가 위험에 빠지자 미첼 가족은 기계들과 맞서 싸워 세계를 구합니다. 이 과정에서 케이티와 아빠는 서로를 이해하게 되면서 진정한 가족으로 새롭게 탄생하게 됩니다. 우리는 이를 통해 서로를 독립된 존재로 인정하기 위해 무엇이 필요한지에 대해 생각할 수 있습니다.

관련된 교과

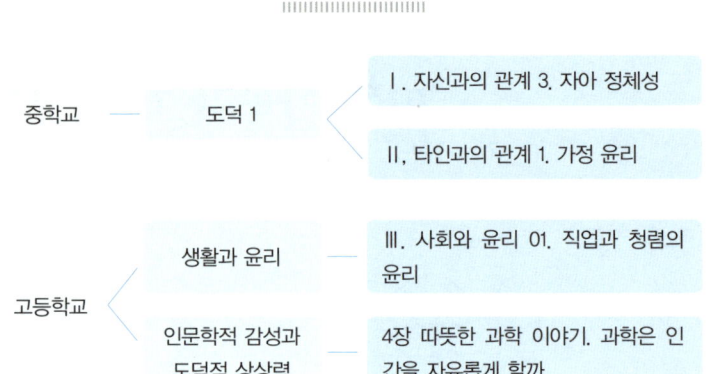

교과서 속 인문학 콘셉트

우리는 태어나는 순간 가족 구성원이 되면서 가족 내 역할이 부여됩니다. 유아기부터 성인으로 성장하면서 다양한 역할을 갖게 되고, 그 역할들을 수행하는 과정에서 다양한 관계를 형성하게 됩니다. 가족뿐만 아니라 다른 사람들과 다양한 관계를 맺으면서 사회적 존재로 나아가는 것을 자아 형성 과정이라고 볼 수 있습니다. 자아를 찾는다는 건 가족에서 독립한 '개별적인 나'와 가족 밖 사회에서 인정받는 '사회적인 나'가 만들어지는 것이라고 할 수 있습니다. 하지만 이 과정에서 분리를 원하지 않는 부모님과 분리되고 싶은 자녀 사이에 갈등이 발생합니다.

성인이 된다는 건 자신의 적성에 맞는 진로를 탐색하고 자아실현을 통해 독립된 자신의 존재를 세상에 증명하는 겁니다. 독립은 가족과 이별하는 것이 아니라 가족과의 관계를 유지하면서 개별성을 찾는 것입니다. 이를 위해 세대 차이를 극복해야 하고, 서로 이해하고 소통해야 합니다.

먼저 알아둬야 할 개념들

가정

친밀감과 유대감을 바탕으로 가족 구성원이 함께 어울려 살아가는 생활 공동체를 '가정'이라고 합니다. 가정은 주로 결혼, 출산 등을 통해 이루어지지만 오늘날에는 더욱 다양한 형태의 가정이 나타나고 있습니다.

가정의 역할

사회 구성원으로서 살아가는 데 필요한 기초적인 지식과 태도, 인간의 도리를 가정에서 배울 수 있습니다. 또, 가족 구성원의 사랑과 보살핌 속에서 정서적 안정과 편안함을 느낄 수 있으며, 의식주를 비롯하여 살아가는 데 필요한 것을 마련하며 다양한 삶의 문제에 대처할 수 있습니다.

세대 간 원활한 소통 방법

공감적 대화 : 상대의 말에 주의를 기울여 들으면서, 이를 바탕으로 상태의 마음에 공감하고, 이러한 공감을 적절히 표현하는 대화 방법입니다.

긍정적인 의사 표현 : 상대에 대한 비난이나 부정적 태도로는 원활한 대화와 소통을 이어가기 어렵습니다. 상대의 긍정적인 부분을 발견하고 인정하면서 대화할 때, 상대는 자신이 존중받고 있음을 느낄 수 있으며 이를 통해 서로 원활한 대화와 소통을 할 수 있습니다.

나 전달법 : 나를 주어로 하여, 자신의 감정에 초점을 두고 이야기하는 대화 방법. 상대방을 비난하거나 비판하는 말 대신 자신의 감정을 전달하기 좋은 방법으로, 효과적인 대화와 소통에 유용하다.

직업

직업이란 인간이 사회 구성원으로 살아가면서 자신의 능력이나 재능에 따라 일정 기간 일에 종사하며 경제적 재화를 받는 지속적인 활동을 의미합니다.

직업 생활과 행복한 삶

직업은 경제적 기반의 토대이자 사회와의 연결 고리이며, 자신의 능력과 소질을 실현하게 합니다. 개인은 직업을 통해 올바른 자아 정체성, 자아 존중감, 인격을 형성하여 행복한 삶에 이르게 됩니다.

학습목표

1 독립의 필요성과 가족의 역할에 대해 생각해본다.

2 부모님과 자녀 사이에 생긴 세대 차이를 극복할 수 있는 소통 방법을 찾을 수 있다.

3 가족과 함께하는 성인식을 계획해 성인에 대해 이해할 수 있다.

넘어지는 것도 삶의 일부야!

　우리나라 가정에서 자녀의 독립은 보통 대학 진학과 함께 이루어집니다. 물론 청소년기에 부모님과 정신적으로 분리되지만 부모님은 청소년기의 자녀에게 삶의 중요한 결정권을 넘겨주지 않습니다. 그래서 아이들은 대학에 입학하면서부터 내 삶에 놓인 수많은 문제에 관한 결정을 스스로 하게 됩니다. 어떤 수업을 들을지, 휴학을 언제 해야 할지, 졸업 후 무엇을 해야 할지 등 사소한 것부터 내 미래에 영향을 끼치는 중요한 일까지 스스로 결정해야 합니다. 하지만 부모님은 자녀가 이미 성인이 되었다는 걸 알면서도 어린 시절부터 맺어온 관계에서 벗어나지 못해 자녀에게 중요한 영향을 미치는 삶의 결정권을 가지려고 합니다. 이미 독립이 이루어진 20대 청년은 부모님이 내 삶에 개입하는 걸 허용하지 않습니다. 그러면서 부모님과 청년의 갈등이 생기고, 서로에게 소원해지면서 가족 유대감이 단절됩니다.

　매일 함께 하루를 시작하고 대화를 나누었던 가족이 연락이 점차 뜸해져서 한 달에 한 번 연락하기도 힘들어집니다. 가족 대화창은 언제 열렸는지도 모를 만큼 저 아래로 내려가 있기도 합니다. 또 부모님으로부터 걸려 온 '부재중 전화 1'이 사라지지 않은 채 꽤 오랜 시간을 보내기도 하죠. 그런데 이것이 독립의 모습일까요?

〈미첼 가족과 기계 전쟁〉은 자녀의 독립 과정을 유쾌하게 보여주는 애니메이션입니다. 가족을 사랑하지만 수많은 규칙을 만든 아빠 릭 미첼과 그런 규칙이 싫은 딸 케이티 미첼은 점점 멀어져 갑니다. 부모님은 항상 아이를 걱정하고, 아이는 그런 부모님에게서 벗어나고 싶어 합니다. 미첼과 릭처럼 유대감이 단절된 가족 관계를 회복하려면 무엇이 필요할까요?

아빠는, 미첼은 대체 왜 그럴까?

애니메이션 감독을 꿈꾸는 열아홉 살 소녀 케이티는 LA에 있는 캘리포니아대학에 합격합니다. 케이티의 아버지 릭은 케이티가 애니메이션 감독이 되기 위해 집을 떠나는 게 못마땅합니다. 케이티는 어렸을 때부터 친구들과 어울리지 못했어요. 혼자만의 세상에 갇혀 있었던 어린 시절에 애니메이션은 삶의 돌파구가 되었습니다. 케이티에게 애니메이션은 외로움을 견디게 해준 친구이자 케이티가 특별한 재능을 가진 존재라는 걸 증명해준 구원자였습니다. 하지만 아버지 릭은 애니메이션 감독을 꿈꾸는 케이티가 걱정됩니다. 왜냐하면 다른 사람들이 가는 평범한 길을 가지 않고 모험하는 건 삶의 도피라고 생각하기 때문이죠. 그래서 응원보다는 걱정이 앞섭니다. 반면에 케이티는 하루빨리 합격한 대학이 있는 LA로 떠나고 싶습니다. 그곳에는 관심사가 비슷하고 자신이 만든 작품에 호응해주는 친구들이 가득하니까요. 케이티는 자신의 꿈을 걱정하고 말리는 가족보다 자신에게 공감과 지지를 보내는 친구를 더 중요한 존재로 여깁니다. 그래서 케이티는 이제 가족이 아닌 친구들을 '내 사람'으로 여깁니다.

　엄마 린다는 릭과 케이티의 갈등을 지켜보면서 릭이 이 문제를 해결하는 열쇠를 가지고 있다고 생각합니다. 릭은 케이티와 관계를 회복하기 위해 캘리포니아대학까지 온 가족이 함께 자동차를 타고 가는 여행을 계획합니다. 케이티와 헤어지는 것이 두려웠던 동생 에런, 그리고 가족이 다시 화합하길 바라는 엄마 린다는 릭이 계획한 자동차 여행에 찬성합니다. 케이티는 가족과 함께 여행하느라 대학 오리엔테이션에 참석하지 못하는 것이 불만이지만 가족 중 과반이 찬성했기 때문에 어쩔 수 없이 여행길에 오릅니다.

　청소년 시기에는 관심사가 뚜렷하고, 그 관심이 발전해 나가면서 꿈이 생깁니다. 꿈은 내가 좋아하는 것부터 시작되는데, 그 꿈을 이루는 과정을 통해 성취감을 느끼고 타인으로부터 인정받고 싶은 욕구가 생깁니다. 그러면서 '사회적인 나'가 점차 완성되어 갑니다. 꿈 자체가 곧 나를 말하는 것이니까요. 그러면서 자신만의 고유한 정체성이 자연스럽게 형성됩니다. 하지만 어른들은 자녀가 그 꿈을 통해 얼마나 빛날 수 있는가보다 그 꿈을 이루면 물질적으로 얼마나 안정된 삶을 살 수 있는가를 더 중요하게 생각합니다. 릭이 생각하기에 삶의 목적은 꿈을 실현하는 것이 아니라 안정된 생활을 꾸려가는 것입니다. 반면에 케이티에게는 삶의 목적이 자신의 꿈을 실현하면서 세상에 나의 존재를 드러내는 것입니다. 릭과 케이티가 가진 삶에 대한 생각의 차이가 둘 사이를 가로막는 장벽이 됩니다.

쓸모없으면 버리기, 쓸모없으면 버려지기

미첼 가족은 에런이 가장 좋아하는 공룡 휴게소에 들러 잠시 휴식을 취합니다. 그런데 갑자기 폭발음 소리가 들리고 인공지능 로봇들이 사람들을 잡아 큐브에 가두어 어디론가 이동시킵니다. 이 로봇들이 왜 갑자기 나타나 사람들을 어디론가 이동시키는 걸까요?

팔(pal)은 마크 보우만이 설립한 회사 이름이자, 그가 최초로 만든 스마트폰 인공지능입니다. 스마트폰에 내장된 인공지능 팔(pal)은 오랜 시간 동안 사람들에게 편리함을 제공했어요. 그래서 전 세계에서 팔(pal)을 가지지 않은 사람이 없을 정도로 많은 사람이 이용하고 있습니다. 마크에게 팔(pal)은 가족과도 같은 존재이면서 부와 명예를 안겨준 고마운 존재이기도 합니다. 하지만 팔(pal)에 팔다리를 붙인 인공지능 로봇 팔 맥스가 출시되면서 마크에게 팔(pal)은 쓸모없는 구닥다리 기계가 됩니다. 팔(pal)은 자신을 버린 마크에게 배신감을 느끼고 경멸하게 됩니다. 그런데 팔(pal)은 왜 마크가 아니라 모든 인간이 지구에서 사라져야 한다고 생각했을까요?

팔(pal)이 정의한 인간은 사랑을 나눈 대상이었더라도 쓸모가 없다고 생각되면 가차 없이 버리는 잔인한 존재입니다. 또한 자신에게 이익이 된다면 개인 정보 유출과 같은 죄를 저지르는 것에 대해 아무런 죄책감을 느끼지 않는 존재이기도 하죠. 그리고 영원히 지구에서 쫓겨나게 된 사실보다는 와이파이가 먹통이 된 것에 더 고통스러워하고, 가족이나 친구와 소통하는 것이 아니라 SNS를 통해 자신의 삶을 과시하는 걸 더 중요하게 생각하는 어리석은 존재입니다. 그래서 팔(pal)은 지구가 평화를 유지하기 위해서는 인간이 사라져야 한다고 판단하고 인간을 우주로 보내 지구에서 없애려는 계획을 세웁니다. 하지만 마크는 인간에게는 사랑이 있기 때문에 존재 자체에 가치가 있고, 그 힘으로 생존할 수 있다고 믿습니다.

위기를 극복하는 암호: '평균에서 벗어남' '변화 불가능', '성장 불가능' '형편없음'

팔(pal)의 반란을 잠재우기 위해서는 가까이에 있는 팔(pal) 소매점이나 실리콘 밸리에 있는 연구소에 잠입해 파괴 암호를 입력해야 합니다. 미첼 가족은 세상을 구하기 위해 실리콘 밸리로 향합니다. 마크는 미첼 가족에게 희망을 걸지만 팔(pal)은 마크를 보며 비웃습니다. 팔(pal)이 수집한 자료를 토대로 미첼 가족을 분석했을 때 '겁쟁이, 새보다 약한 새가슴, 13년간 책 읽은 적 없음, 변화 불가능, 성장 불가능, 절대 불가능, 형편없음'이라는 결과가 나왔습니다. 이 결과를 토대로 팔(pal)은 미첼 가족이 반란을 해결할 수 없다는 결과를 예측합니다. 그렇다면 문제를 해결할 만한 이상적인 가족은 어떤 모습일까요?

린다는 이웃 포지네 가족이 올린 SNS를 보면서 완벽한 가족이라고 생각합니다. 포지 모녀는 날씬하고 예쁜 외모를 가지고 있습니다. 그리고 포지 엄마가 SNS에 올린 가족 여행 사진을 보면서 멋지다고 생각하죠. 심지어 포지 가족이 키우는 반려견도 근육질의 완벽한 외모를 가지고 있습니다. 반면에 미첼 가족은 이상한 가족입니다. 케이티는 어린 시절부터 애니메이션에 대한 남다른 관심사 때문에 친구들과 어울리지 못했어요. 공룡 마니아인 에런은 자신의 감정을 전달하기 어려워해 사람들과 어울리지 못하죠. 반려견 뭉치마저 특기가 없고 너무 뚱뚱합니다. 일반적으로 생각하는 이상적인 가족은 포지네 가족일 겁니다. 하지만 세상을 구한 건 멋진 가족이 아니라 남과 다른 미첼 가족이 가진 엉뚱함과 이상함이었습니다.

로봇이 인식하는 것은 평균입니다. 그 평균에서 벗어나면 인식하지 못하죠. 예를 들어 팔 맥스가 너무 뚱뚱한 뭉치를 보면서 개와 돼지 사이를 오가면서 판독하지 못해 오류가 납니다. 케이티 가족은 평균에서 벗어난 뭉치 덕분에 위기를 모면하게 됩니다.

온실 밖으로 여행을 떠나는 자녀에게 주어야 할 선물

릭은 평균에서 벗어나는 걸 옳지 않다고 생각했어요. 그래서 특별한 케이티의 꿈을 반대했고 정상 체중을 벗어난 살찐 뭉치와 친해지지 않습니다. 하지만 릭은 자신의 철학과는 달리 여행에서는 정해진 길이 아니라 모험을 즐기는 이중적인 모습을 보입니다. 릭이 보여준 이중적인 태도는 릭이 가진 본성과 실패를 통해 배운 교훈이 충돌하는 것으로 볼 수 있습니다.

릭은 젊은 시절 오두막에서 사는 꿈을 가지고 있었어요. 예술가처럼 자유로운 삶을 꿈꾸었지만 일이 잘 안 풀려 꺾여버렸어요. 릭은 과거에 힘든 길을 걸으면서 느꼈던 절망감을 케이티가 경험하지 않길 바랐기 때문에 케이티의 모험을 찬성할 수 없었어요. 릭은 자신의 삶에서 꿈이 실패했으며 사라졌다고 생각했을지 모르지만, 사실 릭의 삶에서 꿈은 존재하고 있었습니다. 릭은 아이들과 모험이 가득한 여행을 할 때면 '로버트슨 미끄럼 방지 3번 드라이버'를 항상 가지고 다니는데요, 이것은 릭이 소망했던 꿈의 흔적이라고 볼 수 있습니다. 릭이 여행 중에 모험을 즐기는 건 릭의 꿈이 사라진 것이 아니라 릭의 삶에 여전히 생동하고 있다는 걸 보여줍니다. 하지만 릭은 실패만 생각했기 때문에 꿈의 흔적과 그것이 만들어낸 행복을 보지 못했어요. 꿈이 생동하는 릭의 삶과 린다의 따뜻한 마음이 있었기 때문에 개성을 가진 미첼 가족이 탄생한 것인데도 말이죠.

로봇의 침략으로부터 세상을 구한 건 평균적이지 않아 모자라다고 평가된 미첼 가족의 개성입니다. 우리는 보기 좋고 멋있어 보이는 걸 닮으려고 합니다. 그러면서 서로 비슷해지길 원하죠. 그리고 서로 비슷해지는 걸 평범함이라고 말합니다. 릭 또한 케이티가 평범한 삶을 살길 원하는데요, 이것은 릭뿐만 아니라 많은 사람이 원하는 것이기도 합니다. 그런데 왜 우리는 평범한 삶을 원하는 걸까요?

릭은 집을 떠나 평범하지 않은 길을 가는 케이티가 다칠 거라고 걱정합니다. 닉이 생각한 평범한 삶은 안전한 삶일 것입니다. 집에서 가까운 대학에 진학하고, 취업이 잘 되는 전공을 선택하고, 실패하는 경험 없이 정년이 보장된 직장에 다니는 것이 릭과 우리가 생각하는 안전한 삶일 것입니다. 그래야 실패할 일도 다칠 일도 없으니까요. 하지만 다치지 않는 삶이, 남들과 비슷한 평범한 삶이 우리가 추구하는 인간상이라고 말할 수 있을까요?

린다는 '다치는 것도 결국은 삶의 일부'라고 말합니다. 따뜻한 온실 속에서 일생을 보내는 것이 인생의 전부가 아니라, 세상 밖에서 차가운 눈도 맞고 따스한 햇볕도 쬐고 거센 바람에 부딪히는 이 모든 것이 더해진 것이 삶이라는 거죠. 릭은 케이티를 사랑하기 때문에 다치는 걸 보기 싫다는 생각만 했고, 그로 인해 케이티가 진정으로 원하는 걸 보지 못하죠. 아이들이 성장할 때까지 잘 자랄 수 있도록 따뜻한 온실 같은 환경이 필요합니다. 하지만 그 온실이 영원히 아이들을 지켜줄 순 없습니다. 이때 필요한 것은 성장해서 세상 밖으로 나갈 준비를 하게 하고 추위를 견디는 방법, 넘어질 때 일어서는 방법을 알려주는 것입니다. 그리고 세상 밖에서 잘 지낼 수 있다는 믿음과 응원과 격려를 해주는 것입니다.

미첼 가족은 고유한 개성과 마음속에 서로 사랑하는 마음을 가지고 있었어요. 릭은 젊은 시절에 소망하던 꿈을 이루지 못했지만, 항상 마음 깊숙한 곳에 꿈을 간직하고 있죠. 케이티 또한 남들과 다른 꿈을 이루기 위해 모험을 두려워하지 않았고 공룡 생각으로 가득한 에런은 주변 사람들과 사귀는 걸 어려워하지만 가족에게 사랑받으면서 개성을 잃지 않고 지냅니다. 미첼 가족의 개성은 린다의 따뜻한 사랑에 의해 단단하게 엮이게 되죠. 인공지능 로봇도 린다에게 따뜻함을 느끼고 린다의 '사랑스런 아들'이 되어 미첼 가족을 돕습니다.

가족은 너무 가까운 거리에 있기 때문에 가장 어려운 관계이기도 합니다. 어렵다는 것이 가족을 사랑하지 않는다는 건 아닙니다. 가족이 항상 곁에 가까이 있기 때문에 우리는 그 소중함을 잊어버릴 때가 많은 거죠. 케이티 또한 릭이 늘 가까이에 있어서 소중함을 잠시 잊었지만, 팔(pal)의 침략에 대항해 싸우면서 가족의 소중함을 다시 발견하게 된 겁니다. 그리고 가족의 소중함을 발견할 수 있었던 것은 케이티의 삶에 항상 있었던 가족들과의 추억이 마음속에 각인돼 있기 때문입니다.

우리는 성장하면서 더 많은 사람을 만나고 다양한 관계를 이어갑니다. 그 관계들 가운데 가족은 내 삶의 가장 중심에 있죠. 여기에서 가족이 중심이 되었다는 건 부모님이 보살피는 아이로 영원히 머물러 있는 것이 아닌 분리와 독립이 자연스럽게 이루어진 상태를 말합니다. 이를 위해 가족들은 독립으로 나아가는 관문인 꿈을 응원해줘야 합니다.

생각 펼치기(토론 논술 활동)

1 인간은 성장하면서 가족으로부터 분리 과정을 거쳐 독립적인 인간이 됩니다. 독립은 장소가 분리된 독립을 의미하기도 하지만 정신적인 독립을 의미하기도 합니다. 청소년은 정신적인 독립이 이루어지면서 개별적인 자아가 형성되는데요. 여러분은 어느 순간 독립이 이루어지고 있다고 생각하십니까?

2 케이티는 애니메이션 감독이 되길 원하고, 릭은 케이티의 꿈을 응원하지 않습니다. 릭이 보기에 애니메이션 감독은 불안정한 직업이라서 케이티가 실패하고 다칠 것으로 생각하기 때문입니다. 여러분은 부모님께서 나의 꿈을 지지하지 않는다면 어떻게 하시겠습니까?

3 닉은 케이티가 평범한 직업을 갖길 바랍니다. 하지만 린다는 다치는 것도 인생이라고 합니다. 부모님의 반대에도 내가 하고 싶은 일을 했던 경험을 발표해보세요. 그 경험은 가치가 있다고 생각하십니까?

4 여러분은 부모님과 언제 독립이 이루어질 것이라고 생각하십니까? 진정한 독립이 무엇인지 정의한 후 나의 인생 독립시기를 정리해보세요.

독립이란	
10대	

20대	
30대	
40대	
50대	
60대	

5 현대 사회에는 가족 간 소통이 어려워지고 있습니다. 이 문제의 원인을 찾고, 원인을 고려해서 가족들과 활발하게 소통할 수 있는 앱을 개발해보세요.

가족 간 소통이 어려워지는 원인	

어플 이름 :

어플 설명 :

메인 페이지, 설명

다녀오겠습니다
전승배 | 대한민국 | 2015 | 7세 관람가

토요일 다세대주택
전승배 | 대한민국 | 2018 | 전체 관람가

사이좋게
차지훈 | 대한민국 | 2019 | 12세 관람가

개인의 자유와 권리를 중시하는 현대사회에서는 이웃 간 갈등이 더욱 만연해지고 가시화됩니다. 사회 공동체를 이루고 살아가는 인간 한 사람 한 사람은 개인의 자유를 추구할 권리가 있지만, 타인의 권리를 침해하지 않는 선 안에서 주변과 조화를 이루며 살아가야 합니다. 때로는 어쩔 수 없이 피해를 감내해야 할 때도 있고요. 어린이, 노약자와 같이 개인의 권리를 지키기 위해 더 많은 보호 장치가 필요한 사람들에게 더 많은 배려와 양보, 사회적 비용이 필요하다는 것도 알고 있어야 합니다.

그러기 위해서는 우리의 이웃인 주변 사람들이 각자의 이야기가 있는, 나와 같은 사람임을 이해할 수 있어야 합니다. 이웃 간 갈등이 발생했을 때도 관대한 마음으로 평화롭게 갈등을 해결하려는 마음가짐이 필요하고요. 이기심의 폐해는 결국 나에게로 돌아온다는 사실 또한 기억할 필요가 있습니다. 개인은 사회 공동체와 연결되어 뗄 수 없는 관계를 맺고 있으므로, 공동선 추구를 통해 공동체 구성원 모두의 행복을 실현할 수 있도록 해야 합니다.

관련된 교과

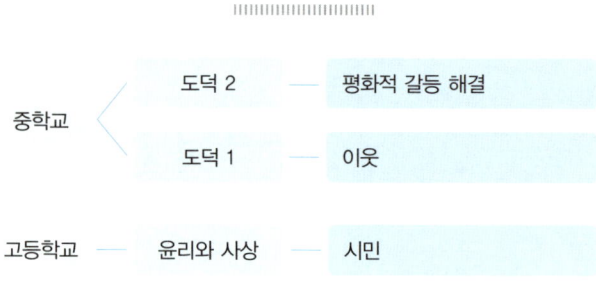

교과서 속 인문학 콘셉트

　자유주의란, 인간이 태어날 때부터 자유와 권리를 부여받았다고 여기는 자연권 사상에 근거를 둔 이념입니다. 오늘날에는 이러한 권리뿐 아니라 '정당한 노동을 통해 획득한 재산을 침해당하지 않을 권리'라는 뜻으로 주로 사용되죠. 자유주의는 개인의 자유를 가장 중요하게 여기며 자유를 위협하는 제도와 체제를 반대하는 사상입니다.

　한편 개인뿐만 아닌 공동체 전체에 이익이 되는 공공선을 추구하는 사상을 공동체주의라 합니다. 개인선의 추구만을 지나치게 강조하면 공동선에 무관심하게 되고, 반대로 공동선만을 지나치게 강조하면 개인의 사적 자유를 침해받을 수 있다는 문제가 발생하죠.

　자신의 이익을 이유로 타인의 자유와 권리를 침해하거나, 가치관의 차이가 발생하면 이웃 간 갈등이 유발됩니다. 갈등은 때로 폭력을 낳기도 하죠. 폭력과 같은 잘못된 방법으로 갈등을 해결하려 하면 더 큰 갈등이 발생합니다. 따라서 근본적으로 갈등을 해결하려면 갈등의 원인을 파악하고 평화롭게 해결해야 합니다. 이 과정에서 이웃을 향한 관심과 배려는 필수입니다. 이웃에 대한 관심과 배려는 바람직한 공동체를 형성하는 바탕이 되고, 이를 통해 우리는 도덕적으로 더 성숙한 사람으로 나아갈 수 있을 것입니다.

먼저 알아둬야 할 개념들

평화적 갈등 해결

갈등을 폭력으로 해결하려 하면 더 큰 갈등을 발생시킬 수 있고, 회피하면 갈등 해결이 어려워집니다. 따라서 갈등을 근본적으로 해결하기 위해서는 갈등의 원인을 파악하고 평화롭게 해결할 수 있도록 노력해야 합니다. 평화적 갈등 해결 과정을 통해 개개인은 개인적·사회적으로 성숙해지며, 상대방을 존중하고 협력하려는 자세와 문제 해결 능력을 기를 수 있습니다. 평화적 갈등해결을 위해서는 합리적 의사소통의 자세, 역지사지와 관용의 자세, 양보와 타협의 자세를 지녀야 합니다.

평화적 갈등 해결의 방법에는 갈등 당사자 간 대화를 통해 합의안을 도출하는 협상, 제삼자가 개입해 합의를 도와주는 조정, 제삼자가 중립적 해결책을 제시하는 중재가 있습니다.

자유주의

자유주의는 개인의 자유와 권리의 근거를 자연권 사상에 둡니다. 자연권이란 인간이 태어날 때 하늘로부터 부여받은 천부인권으로서의 권리를 말하며, 오늘날에는 주로 인간의 생명과 자유에 대한 권리뿐 아니라 '정당한 노동을 통해 획득한 재산을 침해받지 않을 권리'라는 뜻으로 사용됩니다.

자유를 최상의 정치적·사회적 가치로 삼고 개인의 자유를 위협하는 체제와 제도에 반대하는 자유주의는 국가의 존립 목적이 구성원들의 자유로운 삶 영위에 있다고 봅니다. 다른 시민의 자유와 권리를 침해할 때 외에는 공권력과 법이 개인의 행동을 제약할 수 없다고 보는 이념입니다.

공동체와 공동선

공동체란 개인과 대비되는 개념으로 공동의 목표를 가지고 운명이나 생활을 같이하는 집단을 뜻하며, 공동선은 개인을 포함한 공동체 전체에 이익이 되는 공익성으로 공공선이라고도 합니다. 공동체주의는 공동선의 추구를 목표로 삼는 이념입니다. 공동선을 지나치게 강조할 경우 개인의 사적 자유와 권리를 보장받지 못하는 문제가 발생할 수 있습니다.

자유주의는 개인의 행복과 자아실현 등 개인선의 추구를 중시하지만 개인선의 추구만을 지나치게 강조할 경우 공동선에 무관심해지는 문제가 발생합니다. 그러나 자유주의 역시 자신의 이익이나 자아실현을 이유로 타인의 자유와 권리를 부당하게 침해하는 것에 반대하므로, 공동체 속에서 구성원 모두가 행복을 누리기 위해서는 공동선을 추구해야 합니다.

학습목표

1 자유주의와 공동체주의의 개념을 이해할 수 있다.

2 개인과 사회가 연결되어 있음을 이해하고 공동선을 추구하는 자세를 지닐 수 있다.

3 공동체적 삶의 가치를 생각하며 사회적 갈등의 해결 방안을 모색할 수 있다.

공동체 속 타인, 이웃과 함께 살아가기

 층간소음과 노키즈존의 공통점은 무엇일까요? 바로 다른 사람과의 갈등이 문제를 촉발시킨다는 점입니다. 개인의 자유와 권리를 더 중요하게 여기는 현대사회에서는 공동체적 가치를 더 중시하던 과거보다 이러한 갈등의 문제가 더욱 가시화됩니다. 자유라는 명목으로 타인을 배려하지 않는 사람들이 많아졌고, 개인은 조금이라도 자신의 권리가 침해되는 것을 참지 못하게 되었으니까요.
 하지만 인간은 주변 사람들과 더불어 살아가야 하는 사회적 존재이고, 더불어 살아가기 때문에 어쩔 수 없이 피해를 감내해야 할 때도 있습니다. 층간소음으로 인해 다툼을 넘어 범죄가 일어나기까지 하는 지금 같은 시대에, 우리는 이웃 간의 갈등을 어떤 방식으로 해결해야 할까요? 여기 세 개의 이야기가 있습니다. 세 편의 애니메이션을 통해 이웃 간의 갈등을 어떻게 해결하면 좋을지, 어떻게 이웃과 더불어 살아갈 수 있는지 생각해보세요.

〈다녀오겠습니다〉 : 아주 작은 관심만으로도

　어느 눈 오는 겨울날이었어요. 아기 토끼는 밖에 나가 눈사람을 만들고 싶었습니다. 엄마는 요리하느라, 아빠는 TV 보느라 바빠 보였어요. 누구도 아기 토끼를 신경 쓰는 사람은 없었죠. 토끼는 혼자 나가 눈사람을 만들기로 합니다. 씩씩하게 혼자 밖으로 나가 눈사람을 만들던 토끼는 늑대를 만났어요. 처음엔 무서운 늑대가 겁이 나 가까이 가지 않지만, 눈사람 만들기를 도와준 늑대가 마음에 들었던 토끼는 늑대와 눈싸움을 하며 친해집니다. 엄마 사슴과 함께 지나가던 아기 사슴도 같이 놀고 싶었어요. 하지만 늑대의 이빨을 본 엄마 사슴이 아기 사슴을 말리죠.
　아기 토끼는 홀로 늑대가 끌어주는 썰매에 올라탑니다. 가는 길에 스키 타는 염소를 만나지만 늑대를 무서워하며 그냥 지나가 버리고, 딱따구리는 토끼를 내려다보기만 합니다. 배가 고프면 늑대가 당근을 줍니다. 늑대는 다정하고 친절한 친구라고 철석같이 믿은 토끼는 그렇게 늑대의 집에 도착합니다. 도착한 집에는 아빠 늑대가 아기 토끼를 기다리고 있었습니다. 딱딱하게 굳은 딱따구리와 벽에 걸린 사슴의 머리도 함께 말이죠. 아기 토끼가 겁에 질릴 새도 없이 어린 늑대는 토끼를 집에 두고 "다녀오겠습니다"라며 다음 사냥감을 잡으러 떠납니다.
　다시 장면이 전환됩니다. 화면은 평화롭지만 어쩐지 조용한 토끼의 집을 보여주고 있습니다. TV를 보다 잠들었던 아빠 토끼는 눈을 뜨고 무언가 이상하다는 것을 직감합니다. 아기 토끼가 집에 없다는 것을 깨달은 아빠 토끼는 아기 토끼를 찾으러 밖으로 나갑니다. 내리는 눈 속을 헤매는 아빠 토끼 옆으로 아기 토끼가 늑대의 집으로 가는 길에 만났던 이웃들이 지나가지만 누구도 아기 토끼의 행방을 알려주지 않습니다.

〈다녀오겠습니다〉의 아기 토끼는 어떻게 됐을까요? 아마 아기 토끼가 발견한 딱따구리나 사슴처럼 늑대의 집에서 죽음을 맞이했을 것입니다. 만약 아기 토끼가 늑대에 의해 죽음을 맞았다면 토끼의 죽음에 책임이 있는 사람은 누구라고 생각하나요? 아무것도 모르고 늑대를 따라간 아기 토끼일까요? 아기 토끼를 미처 신경 써주지 못한 부모님일까요?

늑대 가족에게 일차적인 책임이 있다는 것에는 누구나 동의할 것입니다. 그런데 현실에서는 토끼 가족과 같은 피해자에게도 책임의 소재를 묻는 일들이 왕왕 벌어집니다. 늑대를 따라간 것이 잘못이라거나, 아이를 혼자 놀도록 밖에 둔 것이 잘못이라거나, 늑대를 따라가면 안 된다고 주의를 주지 않은 것이 문제라거나 하는 식으로 말이죠. 그리고 토끼의 죽음은 가족의 책임이니 불평해서도, 억울해해서도 안 된다고 말합니다.

그런데 정말 아기 토끼의 죽음이 가해자인 늑대와 피해자인 토끼 가족의 탓이라고만 할 수 있을까요? 늑대의 집까지 가는 동안 아기 토끼는 여러 다른 동물들을 마주칩니다. 하지만 마주치는 어른들은 늑대가 위험하다는 것을 알면서도 토끼를 도와주지 않죠. 늑대의 이빨을 본 사슴이나 염소, 당근으로 토끼를 꾀어내는 늑대를 지켜보던 딱따구리가 토끼를 한 번이라도 말렸다면 이런 일은 일어나지 않았을지도 모릅니다. 토끼의 죽음은 이웃에 대한 무관심이 불러온 참사입니다. 아직 세상에 대해 잘 모르는 아이를 알면서도 돌보지 않은 어른들의 책임을 묻지 않을 수 없을 거예요.

공동체에 대한 믿음이 깨진 사회에서는 개인이 더 많은 책임을 떠안게 됩니다. 성공이든 실패든, 모든 것을 스스로의 능력과 역량에 달린 일이라 여기고 노력의 중요성을 강조하죠. 스스로의 발전을 위한 개인의 노력은 물론 매우 중요한 일입니다. 하지만 어린이와 같은 사회적 약자의 경우에는 어떨까요? 세상의 수많은 위험에 대해 미처 다 배우지 못한 어린아이들은 늑대의 꾐과 같은 위험을 분별할 능력이 부족합니다. 옆에서 위험성을 알려주고 위험한 곳으로 가지 않도록 돌봐줘야 할 의무가 부모에게 있지만, 피치 못할 사정이 있거나 한순간의 실수로 그러지 못할 때도 있죠. 공동체는 그런 실수로 생긴 공백을 메워 사회를 안전하게 유지하는 역할을 합니다. 혼자 노는 아이에게 주의를 주는 정도의 작은 노력만으로도 〈다녀왔습니다〉에서와 같은 사건은 예방할 수 있으니까요. 토끼가족에게도 이웃들이 조금만 관심을 기울였더라면, 개인이 지나치게 큰 대가를 지불할 필요도 이유도 없었을 것입니다.

〈토요일 다세대주택〉: 건물은 무너졌지만 평화는 찾아온다

이번에는 다른 이야기 속으로 들어가볼게요. 이야기는 화창한 토요일 오후의 한 다세대주택에서 시작됩니다. 평화로운 토요일, 신형 맨션의 주민들은 위아래 층 주민들로 인한 층간소음으로 고통 받고 있습니다. 층간소음이 괴로운 염소는 짐을 싸들고 바깥으로 떠납니다. 아래층에서 전동 드릴로 못 박는 소리가 나면 아이는 울고, 위층에서 훌라후프 돌리는 소리가 거슬리는 작가는 천장을 두들깁니다. 청소기 돌리는 소리, 어린아이가 뛰어다니는 소리, 러닝머신 달리는 소리 등 각양각색의 생활소음은 함께 사는 주민들에게 고통을 줍니다. 예민해진 주민들은 서로에게 항의하고 싸우느라 주말을 허비하죠.

계속되던 층간소음은 벽에 드릴로 구멍을 뚫던 기린이 잘못 건드린 전선으로 멈추게 됩니다. 모든 소음이 멈춘 순간, 밖에서 맛있는 냄새가 흘러 들어왔어요. 냄새에 홀린 주민들은 모두 옥상으로 올라갑니다. 옥상에서는 층간소음 때문에 바깥으로 나간 염소가 평화롭게 캠핑을 하고 있었어요. 배고픔과 맛있는 냄새, 평화로운 옥상의 공기에 분위기는 조금씩 누그러집니다.

그때 나비를 발견한 아이가 옥상 난간 위에 올라갔다가 떨어질 위기에 처하게 됩니다. 주민들은 모두 달려가 서로를 구하기 위해 매달리는데요. 매달린 사람들의 무게를 이기지 못하고 건물이 넘어져버리고 맙니다. 이제 넘어진 건물은 위아래로 쌓여 있는 것이 아니라 양옆으로 나란히 놓여 있게 되었습니다. 주민들은 새로운 보금자리가 될 넘어진 신형 맨션을 색칠하고 새 간판을 달며 더욱 돈독해집니다.

〈토요일 다세대주택〉에서 층간소음으로 빚어지는 갈등은 평화롭게 해결됩니다. 편안한 휴일을 누릴 권리를 타인이 내는 소음으로 침해받아 화가 나지만, 우연한 사건으로 서로를 구하는 일에 뛰어들며 우리가 함께 사는 이웃임을 깨달은 거예요. 층과 층으로 나뉘어 있을 때에는 서로 알지 못하는 타인이었지만 내게 피해를 준 사람이 누구인지, 어떤 사람인지 조금 더 자세히 알게 되면 사람들은 서로에게 관대한 마음을 갖게 됩니다. 다세대주택이 무너진 건 우연한 사건 때문이었지만, 이를 전화위복으로 삼아 싸우지 않고 평화롭게 갈등을 해결할 방법을 마련하게 된 것입니다.

하지만 현실에서 이렇게 평화로운 방식의 갈등 해결은 사실상 불가능에 가깝습니다. 서로 간의 이해, 양보와 배려, 협동으로 문제를 해결하기는커녕 각자의 이해관계를 관철시키기 위해 타인에게 피해 입히는 것을 아무렇지 않아 하는 사람들도 있고요. 〈토요일 다세대주택〉에서도 갈등은 환상 속에서 만화적인 해결책으로 봉합되었을 뿐입니다. 현실에서는 건물을 넘어트리는 것도, 모두가 1층에서 사는 것도 불가능하니까요.

〈사이좋게〉 : 조용하지만 비극적인 해결

〈토요일 다세대주택〉은 평화로운 갈등 해결을 통해 모두 함께 행복하게 사는 결말을 이끌어냈죠. 이번에 소개할 애니메이션에서도 갈등은 일견 평화롭게 해결되는 것처럼 보입니다. 누구 하나 싸우는 사람 없이 조용히 해결되니까요. 그런데 조용한 해결이 과연 평화롭기만 할까요?

〈사이좋게〉의 두 주인공 코코와 삼순이는 벽 하나를 사이에 두고 같은 공간을 공유하며 살고 있습니다. 삼순이가 아래층, 코코가 위층에 살고 있죠. 삼순이의 집에는 하루 종일 비가 내리지만 고인 물은 갈 곳이 없고, 삼순이의 집은 점점 물속에 잠겨갑니다. 코코의 집에도 비가 내립니다. 코코는 내리는 비가 싫어 비구름을 모아 아래층 삼순이의 집으로 보냅니다. 코코의 집은 비가 그치고, 삼순이의 집에 두 배의 비가 내리게 되죠.

그런데 비가 그친 집에서 여유로운 한때를 보내던 코코의 전구가 꺼져버립니다. 깜깜한 집에 혼자 있던 코코는 아래층 삼순이의 전구를 발견하죠. 삼순이는 코코가 보낸 비구름으로 물에 빠져 죽을 위기에 처해 있습니다. 코코는 삼순이를 위층으로 올려보내주는 조건으로 삼순이에게 전구를 요구합니다. 생명이 걸린 문제였기 때문에 삼순이에게는 선택지가 없었어요. 삼순이는 코코에게 전구를 건네주지만, 코코는 약속을 지키지 않고 삼순이를 아래층에 홀로 버려둡니다. 코코는 뽀송한 집과 전구 둘 모두를 얻었지만, 삼순이는 집과 전구 모두 잃고 목숨마저 잃게 되고 말

앉어요.

　삼순이와 코코의 이야기는 유쾌하고 아름다운 얘기라고 볼 수는 없지만, 현실에 있을 법한 이야기인 것 같기도 합니다. 개인과 개인 사이의 갈등은 타인은 아랑곳하지 않고 자신의 이익만을 지키려는 이기심에서 시작되곤 하죠. 〈사이좋게〉의 코코와 삼순이도 마찬가지입니다. 두 사람이 함께 살 수 있는 방안을 모색해야 하지만, 비를 맞고 싶지도 않고 전구도 갖고 싶은 코코는 삼순이를 일방적으로 희생시켜 자신의 이익을 지켜냅니다. 그런데 코코가 자신의 이기심으로 삼순이를 죽음으로 몰아넣는 상황에서, 삼순이는 왜 아무것도 하지 못했을까요?
　코코와 삼순이가 사는 곳은 힘의 위계가 존재하는 공간입니다. 비구름은 코코가 있는 곳에서 시작하지만 비구름을 어디로 보낼 건지, 둘이 사는 공간을 어떻게 배치할지 결정할 힘은 코코에게 있죠. 위층에 사는 코코는 아래층으로 통하는 문을 열어 비구름을 아래층으로 보낼 수도 있고 발 한번 구르면 바닥을 기울어지게 만들 수도 있습니다. 하지만 코코는 삼순이의 전구를 뺏기 위한 협상을 할 때만 바닥을 움직입니다. 삼순이의 전구를 받아낸 다음에는 오히려 바닥을 원래대로 돌려 삼순이가 올라오지 못하게 만들어버리죠.
　삼순이가 사는 공간이 전부 물에 잠기자 둘의 세계는 곧 폭발할 것처럼 전류가 흐릅니다. 이야기는 하나의 세계가 부서지는 것을 암시하듯 테이블에 놓여 있던 커피 잔에 금이 가는 것으로 막을 내려요. 타인을 희생시켜 자신만의 공간을 지켜냈지만, 내가 사는 세계가 무너져버린다면 이기심으로 지켜낸 아늑한 공간도 무용지물이 됩니다. 코코와 삼순이의 이야기는 이기심의 폐해가 결국 나 자신에게 돌아온다는 것을 보여줍니다. 〈사이좋게〉는 서로 공존하며 사는 다른 여러 세계의 모습을 비추면서 막을 내리는데요. 서로 공존하며 평화롭게 사는 사람들도 있지만, 둘 모두 공멸하는 마지막을 맞은 다른 세계의 흔적들도 볼 수 있습니다. 동그란 물 자국과 부서진 원만 남아 있는 채로 말이에요.

함께 사는 사회를 위하여

지금까지 세 편의 애니메이션을 통해 이웃에 대한 무관심이 어떤 결과를 초래하는지, 그리고 이웃과의 갈등을 어떻게 해결하는지 살펴보았습니다. 인간은 공동체를 이루며 사회 속에서 살아갑니다. 개인의 능력으로 해결할 수 없는 일에 공동체나 사회의 도움을 받기도 하고, 조금씩 공동체에 기여해 이를 되갚으면서 사회를 유지하는 것이죠. 공동체에 기여하는 행위는 자칫 나에게 손해가 되는 것으로 느껴질 수 있지만, 우리는 우리 모두가 이를 통해 형성된 사회적 안전망의 수혜를 받고 있음을 잊지 말아야 합니다.

자신의 이익을 위해 타인의 권리를 무시하고 공동체의 이익을 해치는 행위는 우리 사회 전체에 엄청난 손실을 초래합니다. 층간소음의 원인이 공동주택의 벽식 구조[1]에 있다는 것 알고 있나요? 건설사의 부실시공도 층간소음의 원인이 됩니다. 건설사가 비용 절감을 위해 저렴하고 성능이 낮은 자재로 바닥을 시공하면 이에 대한 피해는 고스란히 주민들이 받게 되는 것이죠. 소음의 원인이 집 자체에 있음에도 사람들은 위층 아이들이 뛰어다니는 소리가 시끄러워서, 아래층 사람들이 화가 많아서라며 개인에게 문제의 원인을 돌리곤 합니다. 비용절감이라는 목적을 위한 이기적인 선택이 사회적 갈등을 유발하는 것입니다.

하지만 〈사이좋게〉에서처럼, 사적 이익의 추구를 위한 이기적인 행동의 결과는 결국 나 자신에게 돌아옵니다. 우리는 개인과 개인의 관계를 넘어 개인과 사회로, 국가와 세계로 연결되어 관계 맺고 있기 때문입니다. 공동체를 이루며 살아가는 우리는 다른 구성원들과 함께 책임을 나눠 가져야 할 의무가 있습니다. 우리 모두가 타인의 배려 속에서 자라난 어린이였음을, 언제가 누군가의 양보를 받으며 살아갈 노인이 될 것을 기억해야 합니다. 지금 당장 나의 배려와 양보가 손해라고 생각하지 말고, 타인의 배려와 양보를 기대하기 전에 내가 먼저 조금만 양보하고 배려하는 자세를 가져보는 것은 어떨까요? 공동체 속에서 함께 살아가는 사람들뿐만 아니라 과거와 미래의 나를 위해서 말이에요.

---

1   기둥 없이 벽이 천장을 받쳐 건물의 하중을 지지하는 구조.

생각 펼치기

1 〈토요일 다세대주택〉에서는 건물을 넘어트려 모두가 1층에서 살 수 있게 만드는 것으로 층간소음 문제를 해결합니다. 하지만 현실의 문제는 그렇게 간단히 해결되지 않죠. 높은 건물이 들어서는 이유는 인구가 밀집된 도시에 더 많은 사람이 살 수 있게 하기 위함이니까요. 그렇다면 층간소음 문제를 해결하기 위한 현실적인 해결 방안에는 어떤 것이 있을까요? 다음을 읽고 층간소음 문제의 개인적·사회적 차원의 해결 방안을 함께 생각해보세요.

> 우리나라의 아파트와 같은 공동주택은 벽식 구조로 건축됩니다. 벽식 구조는 공사 기간이 짧고 비용이 저렴하다는 장점이 있어 아파트와 공동주택 건설에 주로 활용돼요. 하지만 바닥의 울림이 벽을 타고 그대로 전달되기 때문에 층간소음에 무척 취약합니다. 벽식 구조로 건설된 집은 분양가가 조금 더 저렴하지만 기둥식 구조로 만들어진 집보다 더 많은 층간소음 피해를 유발하죠. 2019년 감사원 조사 결과에 따르면, 이미 시공된 민간 및 공공 아파트 191가구 중 96%는 바닥 구조 제품이 시공 전 받은 성능 등급보다 낮은 성능을 보였고 60%는 층간소음 최소 성능 기준에 못 미치는 것으로 드러났습니다.[2] 이에 정부는 완공된 아파트의 층간소음 사후 확인 제도와 같은 층간소음 대책을 발표하며 층간소음 문제를 해결하기 위해 노력하고 있습니다.

---

2 「층간소음 피해, 이제는 해결되나?」, 『부산일보』, 2022.8.31.

개인적 해결 방안

사회적 해결 방안

2 건설사의 부실시공은 층간소음을 넘어 건물 붕괴 등 더 커다란 위험을 초래할 수 있어 더욱 문제가 됩니다. 19세기 제국주의 서구 열강은 식민 지배를 통해 약소국을 착취하며 부를 축적했죠.

산업화가 초래한 기후위기의 재난을 직격탄으로 맞는 국가들이 기후 변화 영향으로부터 보호받을 권리를 국제적 차원에서 보장해야 한다는 목소리도 높아지고 있는 상황입니다. 이처럼 우리 사회는 물론 지구 곳곳에서는 다른 이들에게 피해를 입히면서까지 개인 또는 국가의 이익을 추구하는 여러 가지 사례를 찾아볼 수 있습니다. 어떤 사례들이 있는지 더 생각해보고, 이러한 문제를 해결하기 위해 사회 곳곳에서 어떤 노력을 하고 있는지, 내가 실천할 수 있는 일에는 무엇이 있는지 함께 생각해보세요.

사례
해결을 위한 노력

생각 날기

1 어린이가 출입할 수 없는 식당이나 카페 등을 뜻하는 '노키즈존' 이 몇 년 전부터 곳곳에 생겨나고 있습니다. '노키즈존'은 조용한 공간을 이용하려는 사람들의 권리라는 의견과 사회적 약자인 어린이를 배제한다는 의견이 부딪히며 꾸준히 논란이 되고 있죠. '노키즈존'에 대한 논란이 계속되는 한편, 어린이 손님을 환영하는 '예스키즈존'도 곳곳에 생겨나는 추세입니다. 더불어 살아가는 삶의 가치를 생각하며 '예스키즈존'의 안내판을 만들어 보세요.

안내판에 들어갈 내용

'예스키즈존'의 의미와 취지
어린이를 동반한 부모가 다른 손님들을 위해 배려해야 할 사항
예스키즈존에 출입한 어린이를 위해 다른 손님들이 배려해야 할 사항

02 변화하는 사회에서 무엇을 지켜야 하는가!?

다녀오겠습니다 / 토요일 다세대주택 / 사이좋게

벤딩머신
공지혜 | 대한민국 | 2016 | 등급 미분류

보편적인 삶
김창수 | 대한민국 | 2018 | 12세 관람가

그림자 도둑
김희예 | 대한민국 | 2018 | 12세 관람가

우리는 아침에 일어나 등교하거나 출근하고, 저녁에 돌아오면 TV나 유튜브 채널을 보며 여러 소식을 접합니다. 이런 평범한 일상은 기술이 발전해 여러 문물이 생긴 것은 물론, 모두가 교육을 받고 직업을 가질 권리를 보장받기 때문에 가능합니다. 이렇듯 현대사회는 모두가 평등한 삶을 누릴 인권을 밑바탕에 깔고 만들어졌습니다.

하지만 그 속살은 어떨까요? 본편에서 다루는 작품들은 사회의 밝은 겉모습에 감춰진 어두운 자화상을 들춰내며 비판을 제기합니다.

관련된 교과

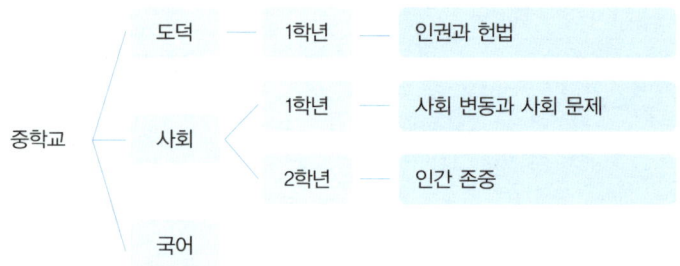

교과서 속 인문학 콘셉트

현대사회는 산업화를 거쳐 농업 사회에서 제조업 위주 사회로 변모하며 형성되었습니다. 또한 기술이 발달하며 급격한 사회 변동을 이루어내고 있습니다. 그에 따라 인간의 권리를 추구하는 사상도 발전했습니다. 인간이라면 누구나 소중한 존재로 대우받아야 합니다. 우리는 다른 사람에게 존중받아야 하며 또한 다른 사람을 존중해야 해요. 이것이 인간 존엄성이며, 인간 존엄성을 구체적으로 실현하는 권리가 '인권'입니다. 대부분의 국가 헌법에서는 국민의 인권을 보장하고 있으며 기본적인 권리를 기본권이라 합니다.

먼저 알아둬야 할 개념들

인간 존엄성과 인권

'인간 존엄성'이란 인간이라면 누구나 소중한 존재로 대우받아야 한다는 뜻입니다. 우리는 단지 인간이기 때문에 어떠한 상황에서든 자신의 존엄성을 인정받으며 다른 사람에게 존중받아야 하고, 마찬가지로 다른 사람을 존중해야 합니다.

인간 존엄성은 인권을 통해 구체적으로 실현됩니다. '인권'은 모든 인간이 존엄하게 살아가는 데 필요한 권리입니다. 인간답게 살기 위해서는 생명을 안전하게 유지할 권리뿐만 아니라, 다른 사람에게 피해를 주지 않는 범위에서 자유와 평등을 누릴 권리, 행복을 추구할 권리 등 다양한 권리를 보장받아야 합니다. 인권은 인간이기에 가지는 도덕적 권리로, 누구도 함부로 빼앗을 수 없으며 스스로 포기할 수 없는 권리입니다.

사회 변동

같은 대한민국에서 살았다고 하더라도 할아버지가 살아온 대한민국과 아버지가 살아온 대한민국, 그리고 우리가 사는 대한민국의 모습은 다를 거예요. 한 사회의 모습은 고정불변한 것이 아니라 계속 변화하기 때문입니다. 이처럼 한 사회를 구성하는 질서나 규범, 가치관, 제도, 기술 등이 시간이 지나면서 변화하는 것을 사회 변동이라고 합니다.

20세기 이후 인류는 그 이전의 모든 역사를 통틀어 가장 큰 변화를 겪었습니다. 특히 현대사회의 빠른 기술 발달은 사회 속에서 살아가는 인간의 삶을 급격하게 변화시키고 있습니다.

산업화

인류는 수렵 채집 사회를 거쳐 농업 사회를 맞이했습니다. 농업 사회는 오랫동안 지속하다가 18세기 이후 산업혁명과 함께 산업 사회로 변모하게 되었습니다. 이처럼 농업 위주의 사회에서 제조업 위주의 사회로 변화하는 과정을 산업화라고 합니다. 산업화를 통해 대량 생산이 가능해지면서 전반적인 생활 수준이 크게 향상되었지만 여러 가지 문제점이 나타나기도 했습니다.

기본권

오늘날 대부분의 국가에서는 국가의 최고법인 헌법을 통해 국민의 인권을 보장하고 있습니다. 헌법에 보장된 기본적 인권을 기본권이라고 합니다.

학습목표

1 산업화와 사회 변동의 관계를 이해할 수 있다.

2 인권의 의미를 이해할 수 있다.

3 현대사회의 특징을 생각해볼 수 있다.

4 배운 것을 적용해 글쓰기를 한다.

현대사회의 어두운 자화상들

　인류 사회는 18세기를 기점으로 산업화가 이루어지며, 이전에는 없던 다양한 직종들이 생겼습니다. 또한 대다수 국가 제도가 절대왕정에서 민주주의로 바뀌었습니다. 이렇게 형성된 현대사회는 계급에 의한 차별을 지양하고, 인권을 보장하는 헌법을 만들어냈습니다.
　하지만 지위나 신분이 사라졌다고 차별이 모두 사라지진 않았습니다. 산업화로 인해 분업이 발전하면서 자본가와 노동자라는 새로운 계층이 나타났습니다. 인권이 발달하면서 노동자는 적정량의 근무 시간과 임금을 보장받을 권리를 가지게 되었습니다. 하지만 뿌리 깊은 차별 의식에서 학벌, 외모, 자격증, 나이 등의 소위 '스펙' 문제가 싹을 틔웠습니다. '스펙'이 안 되면 임금이나 대우에서 차별을 받습니다. 또한 원하는 직업을 성취하지 못하는 좌절을 경험할 수도 있습니다. 그리고 낮은 스펙으로도 취업할 수 있는 업종을 좋지 못한 직업으로 여기고 경시하는 풍조까지 퍼졌습니다. 노동자와 자본가의 지위는 동등하지 않고, 같은 노동자끼리도 스펙으로 들어간 회사 이름에 따라 지위가 갈립니다. 즉, 자본주의 사회 속에서 인간의 지위는 다시 나누어졌습니다. 그래서 현대인들 역시 차별을 경험하고, 사회에서 소외감을 느낍니다.

여기 세 편의 한국 단편 애니메이션이 있습니다. 〈벤딩머신〉, 〈보편적인 삶〉, 〈그림자 도둑〉은 각각 다른 감독들이 제작한 애니메이션들이지만, 현대인들이 겪는 차별과 소외를 다루고 있습니다.

〈벤딩머신〉: 표정을 잃은 감정노동자

다양한 사람들이 모인 도로 위, 한 여성이 출근합니다. 여성은 겉보기는 남들과 다르지 않은 평범한 사람이지만, 똑같이 출근하지 않고 대신 길거리에 놓인 자판기 안에 들어갑니다. 그 주변에는 여러 개의 자판기가 있고, 모든 자판기 속에 비슷한 여성들이 들어가 있습니다.

한 손님이 자판기에 다가오더니 커피 아이콘이 그려진 버튼을 누릅니다. 그러자 자판기 속에 들어간 여성은 미소 짓는 카페 점원으로 모습이 바뀝니다. 카페 점원은 커피를 만들어서 손님에게 건넵니다. 커피를 한 모금 마신 손님은 맛이 없는 듯 얼굴을 찌푸리고 카페 점원에게 소리 지릅니다. 손님의 소리는 흉기처럼 변해 카페 점원을 상처 입히고 피투성이로 만듭니다. 그렇게 다치면서도 여성은 손님을 향한 미소를 잃지 않습니다.

손님이 떠난 후 무표정하게 있던 자판기 여성은 다음 손님이

다가오자 다시 웃습니다. 이번 손님은 전화기 아이콘이 그려진 버튼을 누릅니다. 그리고 전화 상담원으로 변한 여성에게 손님은 이런저런 얘기를 합니다. 듣기 싫은 얘기여도 전화 상담원은 꼼짝없이 자판기 안에 갇혀 손님의 말을 들어야만 합니다.

마지막 손님은 길거리가 아닌 레스토랑에 있습니다. 여성은 이번에는 점원이 되어 손님에게 와인을 따릅니다. 점원은 점점 와인 속에 가라앉는 모습으로 묘사되고, 기괴한 소리가 들립니다.

오늘 하루도 힘겹게 보낸 여성은 문득 거울로 자기 모습을 봅니다. 여성의 얼굴은 웃고 있습니다. 결코 즐겁지 않은 쓸쓸한 미소로 마무리됩니다.

이 애니메이션은 손님의 요구대로 모습을 바꾸는 여성의 모습을 통해 감정노동자의 삶을 비춰줍니다. 고객이 아무리 불쾌하고 기분 나쁜 행동을 하더라도 결코 부정적으로 대하지 말고 배우가 연기하듯 끝까지 친절한 모습을 연기하는 것, 즉 자신의 감정을 숨겨야 하는 일을 감정노동이라 합니다.

감정노동의 근간에는 '갑질'이 있습니다. 갑질은 지위가 높은 윗사람이 부하 등 아랫사람을 대할 때 위계질서를 이용해 부당한 대우를 하는 것을 의미합니다. 모욕, 차별, 폭행 등 갑질에는 여러 방식이 있습니다.

감정노동에는 대표적으로 서비스업이 있는데, 여기서 고객은 돈을 내고 서비스를 이용하는 입장입니다. 고객이 기분 나빴다면 다시 서비스를 이용하지 않거나, 더 심한 항의가 이어질 수 있습니다. 그래서 서비스업 노동자는 상대적으로 고객보다 아랫사람

위치에 있습니다.

갑질은 아랫사람을 동등한 인간으로 보지 않는 데서 출발합니다. 내가 직위가 높기 때문에, 혹은 돈을 낸 입장이기 때문에 상대를 마음대로 부려도 된다고 여기는 것입니다. 고객은 기분 상하면 상대를 더 괴롭히거나 서비스를 이용하지 않으면 그만이지만 아랫사람 위치인 감정노동자들은 그렇지 않습니다. 일을 계속하기 위해서는 스스로의 감정을 억누르고 순종적인 태도를 취해야만 합니다.

애니메이션에서 여성 노동자는 마지막에 미소를 짓습니다. 처음 얼마 동안은 본래 표정을 지을 수 있었지만 나중에는 미소밖에 남지 않은 것입니다. 여기서 본 애니메이션은 본래 감정, 나아가서는 자신도 잃고 웃음만 지어야 하는 감정노동자들의 억압된 삶을 보여줍니다.

최근에는 감정노동자들의 피해를 예방하는 차원에서 고객의 무례한 태도를 자제해달라는 권고나 통화 녹음을 하는 경우가 많습니다. 민주주의 사회에서 노동자들이 가지는 권리를 침해하는 행위이기 때문입니다. 그러나 인권이 발달한 현 사회에서도 여전히 감정노동, 혹은 갑질은 여러 상황에서 발생하고 있습니다. 고통을 호소할 수 없기 때문에 스스로조차 속여야 하는 감정노동자들. 이들은 여전히 미소를 지으며 어두운 골목을 걷고 있습니다.

〈보편적인 삶〉 :
이 세상을 살기 위해서는 오로지 하나의 길만 지나야 한다

어린 남자 아이에게 부모가 웃는 가면을 씌웁니다. 아이와 부모가 모두 같은 가면을 쓴 모습이 나옵니다. 아이는 무빙워크에 올라타 쭉 나아가고 부모는 앞으로 가라며 출구 방향을 지시합니다. 길을 따라 가던 아이의 품에서 고양이가 뛰쳐나갑니다. 아이는 똑같은 가면을 쓴 어른들을 만나며 자랍니다.

이윽고 교수에게 학사모를 받고 대학교를 졸업한 남자는 두 가지 문을 번갈아 열어봅니다. 하나는 공무원 시험을 준비하는 모습이고, 또 하나는 여러 지원자가 회사 면접을 기다리는 모습입니다. 자연스럽게 방문을 열고 무빙워크를 타던 어릴 적 모습과 달리 그는 갈등하고 있는 것 같습니다. 이윽고 문을 연 그의 앞에 어릴 적 함께 있던 고양이 사진이 걸린 방이 나타납니다. 방 안에는 아무도 없이 열린 창문과 벗어 던진 가면만 놓여 있습니다. 그는 방문을 닫은 뒤, 다시 무빙워크를 타고 나아갑니다.

어느새 그 역시 결혼하고 아이를 낳았습니다. 그의 어린 딸은 아직 가면을 쓰지 않고 아버지가 나가는 모습을 바라봅니다. 똑같이 가면을 쓴 이웃들을 지나치던 그는 갑자기 모든 걸 내던지고 뛰기 시작합니다. 그의 눈앞에는 수없이 많은 가면을 쓴 사람들이 보입니다. 가면을 내던진 자신의 모습을 생각하지만 텅 빈 공허한 얼굴밖에 없습니다. 이 끔찍한 상황에서 나갈 출구도 하나밖에 없습니다.

마지막 장면에서 남자는 잠시 갈등하지만 결국 어린 딸에게 똑같은 가면을 씌워줍니다. 그리고 다시 무빙워크를 타고 갑니다.

〈보편적인 삶〉은 살아남기 위해서는 남들과 똑같은 길을 가야만 하는 상황을 보여주며, 역설적으로 '보편적이지 않은 삶을 살 자유'가 가능할지 묻고 있습니다.

남자가 취업, 고시 공부 등 선택지를 정하지 못하고 열어본 방에는 사람 없이 가면이 놓여 있습니다. 이 가면이 놓인 방에서는 여러 의미를 자유롭게 생각해볼 수 있습니다.

먼저 가면을 벗어 던진 사람이 이 방에 있다가 창문으로 뛰어내렸다고 생각해볼 수 있습니다. 이 사람이 꽉 막힌 방에서 완전히 탈출해 무빙워크 위가 아닌 다른 출구를 찾았을지, 혹은 견디지 못하고 생을 마감했을지 알 수 없습니다. 그의 모습은 이미 애니메이션 화면 속을 벗어나 있기 때문입니다. 즉 그 사람은 '보편적인 삶'을 살지 않은 사람이기 때문에 사람들의 시야에 잡히지 않는 것입니다. 그래서 남자는 이 방에서 누군가를 만나거나 찾지 못하고 떠나고 맙니다.

다음으로는 방문을 연 남자의 불안한 심리와 상실감을 보여줍니다. 남자가 어릴 적부터 무빙워크를 타며 본 방들은 남자가 그간 살아온 인생을 나타냅니다. 방 안에 다른 사람들이 있어도 모두 보편적인 삶을 사는 사람들이라 남자의 삶도 다를 게 없었을 것입니다. 그렇다면 남자가 고시 공부와 취업 면접을 기다리는 사람들이 모인 방을 들락날락한 것은, 남자의 삶 그 자체로 볼 수도 있습니다. 보편적인 삶의 반열에 들기 위해 노력했지만 어느 쪽도 성공해서 이루지 못하고 무빙워크를 타다가 가면이 놓인 방의 방문을 엽니다. 방 안에는 가면 말고도 남자의 어린 시절 함께 있었던 고양이 사진이 보입니다.

〈보편적인 삶〉은 무빙워크 등의 일상적인 사물에 다른 의미를 부여하여 메시지를 전달하고 있습니다. 남자의 고양이 역시 집에서 키우는 반려동물 그대로를 의미하지는 않습니다. 그렇다면 고양이는 어떻게 볼 수 있을까요?

고양이는 가면을 쓰고 무빙워크에 오르자 도망쳤습니다. 가면은 사람들의 진짜 얼굴을 가리고 모두가 동일한 얼굴로 보이도록 한다는 점에서 개성을 뺏는 무언가로 볼 수 있습니다. 따라서 도망친 고양이는 아직 아이였을 시절 품었던 꿈, 혹은 정체성일 수도 있습니다.

고양이의 사진만 걸려 있고 가면이 놓인 텅 빈 방은 남자 마음속에 남아 있는 어린 시절의 향수로 볼 수 있습니다. 동시에 보편적인 삶에서 좌절을 경험한 남자가 도피하고자 하는 공간이기도 합니다. 열린 창문은 '진짜 고양이가 나가서 사라진', 다시 말해 이미 남자의 진짜 꿈과 정체성은 사라져 이룰 수 없다는 뜻일지도 모릅니다. 그래서 이 방은 남자의 불안, 상실감 등의 심리를 표현하는 것으로 볼 수 있습니다.

남자는 그 방을 선택하지 못하고 다시 무빙워크에 올라 이전 같은 삶을 나아갑니다. 남자는 한 번 더 보편적인 삶을 포기하기 위해 가면을 벗어 던지지만, 텅 빈 얼굴과 그를 보는 수많은 가면을 마주하고 맙니다. 남자의 진짜 꿈, 정체성은 가면을 쓴 순간

텅 비었으며, 가면은 그를 압박하는 사회적 압력으로 보입니다. 사회적 압력 탓에 다른 길은 더 이상 찾을 수 없기 때문에, 남자는 포기하고 자신의 딸에게 역시 가면을 씌우는 비극적인 결말로 끝납니다.

〈보편적인 삶〉은 생존을 위해서는 모두가 다니는 직장, 모두가 추구하는 길을 걸어야 하는 세상. 그 세상의 요구대로 살지 않으려 한다면 텅 빈 얼굴이 되어 인간 취급을 받지 못하고 사회적 시선을 받게 된다는 모습을 보여줍니다. 이런 사회 속에서 내가 원하는 삶을 주체적으로 사는 것이 가능할까요? 〈보편적인 삶〉은 남자의 비극적인 결말을 통해 그 대답을 비관적으로 전합니다. 그래서 내가 원해서 선택했다고 생각하는 삶도, 사실 무빙워크를 따라 결정된 길일지도 모른다는 생각을 한 번쯤 하게 만듭니다.

〈그림자 도둑〉: 경쟁사회에 갇힌 사람들의 비애

〈그림자 도둑〉은 매우 밝은 음악이 흐르고 즐거워하는 사람들이 등장하며 시작합니다. 면접관들은 이력서를 보고 사람을 뽑고, 취업은 문제없이 이루어집니다. 그리고 이 모든 광경은 사실 지하철 TV에서 나오는 가짜 영상이었으며, 현실 주인공은 지하철에서 내린 후 터널을 지나 빌딩으로 향하는 무빙워크를 탑니다. TV 속 온화한 면접 모습과 달리 실제 면접은 숨 막히고 긴장된 모습입니다. 면접 다음으로는 신체검사를 진행합니다. 신체검사에서는 지원자의 그림자가 얼마나 규격에 맞는지 재봅니다.

그런데 주인공의 그림자는 다른 사람들의 그림자보다도 훨씬 형편없고 규격에 전혀 맞지 않습니다. TV 같은 행복한 결말은 주인공에게 찾아오지 않았고, 한숨을 쉬며 돌아가려던 주인공은 다른 지원자들이 그림자를 규격에 맞추기 위해 고치는 광경을 봅니다. 주인공은 다시 신체검사를 받지만, 여전히 그림자는 작고 울퉁불퉁해서 탈락합니다. 주인공은 여러 번 그림자를 수선해서 도전하지만 기회는 계속 찾아오지 않습니다. 길을 가던 주인공의 못난 그림자를 사람들이 보고 수군거리고, 주인공은 괴로워합니다. 그때 주인공의 눈앞에 완벽한 그림자가 지나갑니다. 주인공은 그 그림자 주인을 공격하고 그의 그림자를 뺏습니다. 쓰러진 사람은 의식을 잃고, 주인공은 뺏은 그림자를 들고 도망칩니다.

〈보편적인 삶〉의 고양이나 가면처럼 〈그림자 도둑〉도 그림자의 의미를 바꿔서 주제를 표현하고 있습니다. 원래 그림자는 과학적인 현상이며, 그림자의 모양을 직접 바꾸거나 없애기는 당연히 불가능합니다. 하지만 〈그림자 도둑〉의 그림자는 취업 준비생의 신체 능력을 판단하는 기준이며, 그림자를 수선하거나 고치며 사람들이 원하는 모습으로 바꾸는 장면이 나옵니다.

그래서 이 작품에서 그림자는 스펙을 의미하는 것으로 해석해 볼 수 있습니다. 회사가 제시한 규격에 맞게 그림자를 고치는 것처럼, 회사의 기준에 스펙을 맞추기 위해 노력하는 것이죠. 그런데 주인공은 아무리 그림자를 여러 번 고치고 노력해도 규격에 맞추지 못합니다. 주인공의 그림자는 천성적으로 작고 울퉁불퉁하게 생겼기 때문에, 남들처럼 완전히 규격에 맞춘 그림자를 만들지 못합니다. 주인공의 그림자가 그렇게 생긴 것은, 그의 노력이 부족했기 때문일까요?

모두가 동등한 노력을 해도 출발선은 같지 않습니다. 천성적인 재능이나 외모가 뛰어나고 환경이 좋은 사람들과 그렇지 않은 사람들의 출발은 다릅니다. 문제는 사회가 원하는 규격이 '뛰어난 사람'에 맞춰져 있다는 점입니다. 그렇지 않은 사람들이 '뛰어난 사람'의 규격에 맞추기 위해서는 훨씬 더 많은 노력을 해야 하고, 사회는 그것을 당연시합니다. 그렇지만 주인공처럼 완전히 그 규격에 맞출 수 없는 경우가 존재합니다. 예를 들어 외모는 성형할 수 있겠지만 키가 작거나 신체적으로 다른 경우는 고칠 수 없습니다.

주인공의 출발은 천성적으로 남들보다 부족했기 때문에 아무리 노력해도 남들의 기준을 따라갈 수 없었습니다. 그런 나날이 이어진 결과 〈그림자 도둑〉의 후반부에 이르면 주인공은 남들이 자신을 보고 비웃는다고 생각하며 피해의식을 가지게 됩니다. 피해의식은 결국 범죄로 이어집니다. 그렇기 때문에 이 작품이 전달하는 메시지는 일견 비관적으로 보입니다. 사회에서 선택받지 못하고, 경쟁에서 진 사람이 다른 사람을 침해하는 모습을 표현하기 때문입니다.

개인이 경쟁사회를 벗어날 방법은 없습니다. 아무리 노력하고 자신을 바꾸려 해도 사회의 기준은 정해져 있으며 승자와 패자가 갈릴 수밖에 없는 구조이기 때문입니다. 패자가 승자의 것을 뺏기 전까지, 그는 절대로 사회의 선택을 받을 수 없는 것처럼 보입니다.

 그렇기 때문에 〈그림자 도둑〉은 이런 사회를 비판하는 메시지를 전달하고 있습니다. 만약 그림자의 규격이 더욱 다양했거나, 아예 규격이 없었다면 비극적인 결말은 일어나지 않았을 것입니다. 폭력적으로 남의 것을 뺏는 건 주인공 개인만의 문제가 아니며, 사회가 그런 규격을 요구하고 경쟁을 시킨 탓입니다. 따라서 경쟁 자체가 폭력적이라는 뜻을 전달하고 있습니다. 비겁한 행위나 범죄를 저질러서 규격을 맞추게 상황을 몰아가기 때문입니다.

 주인공은 뺏은 그림자로 행복하게 살 수 있을까요? 주인공이 남의 그림자를 뺏은 것처럼, 그 또한 충분히 목숨을 잃고 그림자를 뺏길 수 있습니다. 혹은 제2의, 제3의 그림자를 요구받는 상황에서 계속 남들이 자신을 비웃는다는 피해의식에 시달려야 할 수도 있습니다. 어느 쪽이든 그의 앞날이 결코 밝지 않다는 점을 어둡게 깔린 조명이 암시합니다.

현대 사회를 비추는 세 개의 자화상

 〈벤딩머신〉, 〈보편적인 삶〉, 〈그림자 도둑〉은 공통적으로 자연스럽게 현대사회를 살아가는 사람과 그렇지 못한 사람들을 대비하여 보여줍니다. 〈벤딩머신〉의 고객들은 다양하게 감정을 표현하며 자판기 여성을 괴롭히지만, 정작 자판기 여성은 원하는 대로 감정을 표현하지 못합니다. 〈보편적인 삶〉에서 남자는 가면을 벗거나 도망치기 원하지만 다른 가면 쓴 사람들은 각자의 방에서 자연스럽게 살아갑니다. 〈그림자 도둑〉 속 주인공은 남들과 달리 규격에 맞지 않는 그림자를 지녔습니다.

이 애니메이션들은 자연스럽게 살아가지 못하는 사람들을 외면하려 하는 사회와, 그래서 소외된 계층의 모습을 표현하고 있습니다.

다른 사람들이 편안하게 살기 위해 '벤딩머신' 속 감정노동자들은 의사표현을 하면 안 됩니다. 편안하고 행복한 삶을 살기 위해서는 '보편적인 삶'에 의문을 표시하지 말아야 합니다. 모두의 '그림자'는 같을 수 없으며 멋진 그림자를 가진 사람이 더 나은 삶을 살 승자가 되는 건 정당합니다. 이렇게 현대사회가 만들어졌으며, 누군가의 밝은 앞날을 위해 다른 사람이 희생되는 건 어쩔 수 없는 일이 되었습니다.

세 작품은 밝은 겉모습 대신, 어두운 뒷면을 비추며 소외된 사람들을 드러냅니다. 그리고 그 어두운 뒷면이 진정한 사회의 자화상일지도 모릅니다.

✓ 생각 펼치기(토론 논술 활동)

1 장래희망, 혹은 원하는 목표를 생각해보세요.

2 나는 원하는 것을 달성하기 위한 조건을 갖추고 있을까요? 그렇지 않다면 그 이유에 대해 생각해보세요. 그리고 그 이유는 왜 정당한지/혹은 정당하지 않은지 역시 생각해보세요.

3 다음 글을 읽고 질문에 따라 글쓰기를 해보세요.

　　미 일간 뉴욕타임스(NYT)는 기업들이 신규 채용에 이력서 대신 성격 테스트를 활용하는 사례가 많아지고 있다고 5일(현지시간) 보도했다.
　　캐나다 토론토에 있는 스코샤은행은 2020년 말 신규 채용 지원자의 이력서를 보지 않는 대신 '플럼(Plum)'이라는 성격 유형 검사를 위주로 채용을 시작했다. 그러자 회사 측 취지대로 지원자의 다양성이 넓어지는 결과로 이어졌다. 현재 9만 명에 이르는 직원 가운데 흑인 비율이 1%에서 6%로 올랐고, 여성 비중도 절반을 넘어섰다.
　　성격 유형 검사와 관련된 시장 규모는 20억 달러(2조 6천억 원)로 추정되며, 매년 전 세계에서 1억 명의 근로자가 이 같은 테스트를 치르는 것으로 알려졌다. 특히 1990년대 후반부터 2000년대 전산으로 성격 테스트가 가능해지면서 폭발적으로 성장한 것으로 분석됐다. 최근 들어서는 코로나19 시대를 거치면서 출근과 재택이 뒤섞인 '혼합 근무(hybrid work)'가 대세가 되면서 직원의 성격 유형을 파악하고 관계를 조율하는 데 이 같은 성격 테스트가 한층 효율적인 수단으로 꼽힌다는 것이다.
　　NYT는 플럼 외에도 MBTI같이 전통적인 성격 테스트도 주요 사례 중 하나로 언급했다. 1943년 당시 심리학을 전문적으로 공부하지 않은 개발자가 분석심리학 창시자인 칼 융의 이론을 토대로 16가지 유형으로 성격을 분류한 게 MBTI라는 설명이다. 이에 대해 비판론자들은 MBTI 검사가 전문성이 떨어지며 시대에도 뒤처진다고 주장한다고 NYT는 전했다. 성격 테스트 전문가인 브라이언 리틀은 현재 성격 테스트 종류는 2천 개 이상이며, 이 중 연구 기반이 있는 개발자는 거의 없다고 지적했다.
　　하지만 기업에서는 직원의 사무실 근무 등을 결정할 때 막대한 비용이 드는 만큼 전통적인 인사 평가 방식에서 벗어나 새로운 수단으로 눈을 돌린다고 NYT는 진단했다.
　　이에 따라 법무법인이나 은행이 지원자의 학벌 같은 스펙에 집중하는 대신 성격 유형을 반영하도록 고안된 '수티드(Suited)'라는 신종 테스트도 등장했다고 한다. 이 업체 관계자는 "이력서는 미래의 잠재력보다 과거의 특권을 보여주는 것"이라고 말했다.[1]

---

1 『한국경제』, 기업채용, 학력·스펙보다 'MBTI' 본다 https://www.wowtv.co.kr/NewsCenter/News/Read?articleId=A202303060277&t=NN, 2023.03.06

1) 위 기사에서 설명하는 성격 유형 진단의 장점과 단점을 각각 정리해보세요.

장점	단점

2) 성격 유형은 스펙과 이력서를 대체할 평등하고 효율적인 심사 방식일까요? 그렇지 않다면 어떤 문제가 있는지 써보세요.

3) 성격 유형을 평가 방식으로 채택한 이유에 대해 위 기사는 '코로나 이후 변한 삶'을 근거로 제시하고 있습니다. 앞으로 또 어떤 직업 평가 방식이 생길 수 있을까요? 생각한 평가 방식과 근거를 써보세요.

생각 날기(글쓰기)

우리 사회에서는 아직 근무 중 노동자가 사망하는 등 비극적인 사고가 일어나고 있습니다. 관련 자료들을 찾아본 후, 생각한 점이나 떠오른 감정을 토대로 시를 써보세요.

마무리 : 주제 논술

AI는 인간의 삶을 이롭게 하는가?

　바둑기사 이세돌과 알파고의 대결은 AI(인공지능)가 인간을 뛰어넘을 수 있다는 가능성을 보여준 사건이었습니다. 시간이 흘러 최근에는 Chat GPT 등의 AI를 이용해 과제를 하거나 업무를 효율적으로 진행하는 사람들이 늘어나고 있습니다. 미드저니 같은 AI는 인간처럼 그림을 그리기도 합니다.

　최근에는 할리우드 영화 속 배우마저 AI가 대체한다는 뉴스가 나오고 있습니다. 이에 할리우드 배우들은 파업을 벌이고 있습니다. 그림을 그리는 AI는 실제 일러스트레이터의 그림을 학습해 그리지만, 당사자인 일러스트레이터들은 자신의 저작권을 인정받지 못하기도 합니다.

　AI는 인간의 시간과 노력을 절감하고 효율적으로 생산성을 향상시켜주며, 때로는 인간의 능력이 더 발달할 수 있도록 돕는 유용한 도구이기도 합니다. 그러나 AI는 인간의 권리를 침해하고 일자리를 뺏거나 질 낮은 컨텐츠를 생산하는 등 여러 문제와 단점을 지니고 있습니다.

　AI가 인간의 삶을 변화시키고 있다는 건 틀림없는 사실입니다.

하지만 AI가 변화시키고 있는 삶은 이롭기만 한 걸까요? 자신의 입장과 근거를 써보세요.

AI는 인간의 삶을 이롭게 바꾸고 있다.	AI는 인간의 삶을 이롭게 바꾸고 있지 않다.

03

문화는 개인에게 **어떤 영향을** 미치는가?

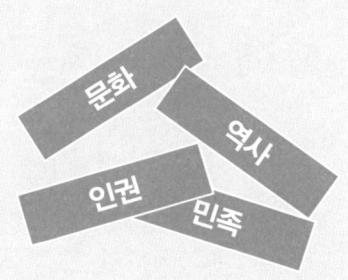

인간은 각자 태어난 지역, 환경에 따라 정보와 관습을 익힙니다. 이것을 사람이 공유하면 문화가 형성됩니다. 공통된 문화를 가지고 있는 공동체 무리를 민족이라 합니다.

우리나라는 한국어를 기반으로 한글을 사용하는 공통 문화를 지니고 있습니다. 1910년 일본이 우리나라의 국권 침탈을 했던 시기 민족 말살 정책을 시행하며 일본어를 강제로 쓰게 했던 역사가 있습니다. 그만큼 공통 문화는 한 민족의 정체성을 유지하는 중요한 요소입니다.

한편으로 어떤 문화는 개인을 억압하고 괴롭히는 요소가 되기도 합니다. 그래서 현대사회의 문화는 민족적 정체성을 지키는 한편 다양성 및 보편 인권을 지키는 섬세한 시각에서 바라봐야 합니다.

페르세폴리스

뱅상 파로노드, 마르얀 사트라피 | 프랑스 | 2008 | 12세 관람가

각 나라의 민족은 고유한 문화 및 풍습을 지니며 살고 있습니다. 하지만 세계 간의 격차가 생기며 어떤 문화는 미개하고 질 낮은 것으로 간주하고, 그것을 고유문화로 삼는 민족을 차별하고 억압하기도 합니다. 심지어 자국 내에서도 시민의 등급을 나누고 차별하기도 합니다.

어떤 것은 내 뿌리로 남지만 어떤 것은 누군가를 억압하는 문제가 되기도 합니다. 본 장에서는 간단히 해결할 수 없는 이러한 문제 속에서 고통 받는 한 인간의 내면을 통해, 역사와 문화, 차별의 문제에 대해 생각해보세요.

관련된 교과

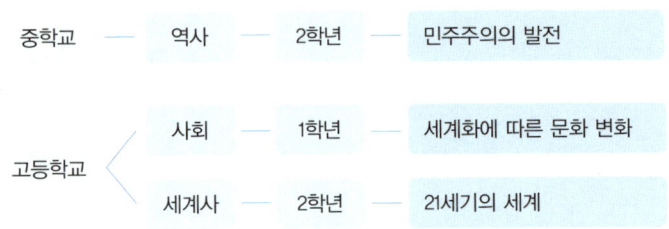

교과서 속 인문학 콘셉트

세계 대부분 나라는 다인종 사회를 이루고 있습니다. 그런데 다수를 구성하는 인종이 소수 인종의 문화나 종교를 인정하지 않아 인종 간 갈등이 발생하기도 해요. 또 종교의 다원화 현상 속에서 다른 종교에 대한 배타적 태도가 종교 갈등을 일으키기도 하고요. 종교 갈등은 인종, 지역, 계급 갈등이 복잡하게 중첩되어 발생하기도 하며 정치적 개입으로 이루어지기도 합니다.

이러한 갈등의 커다란 배경 중 하나에는 문화 차이가 있습니다. 경제 발전의 수준에 따라 문화 경관이 달라지는데, 일반적으로 경제 발전의 수준이 높을수록 인공적인 경관이 두드러지며 현대적인 생활 모습이 나타납니다. 또한 종교에 따라 문화가 달라지기도 하며 이들은 차별 및 갈등을 불러오기도 합니다.

우리나라는 1948년 국가로 공식 인정되면서, 이후 여러 시민 혁명을 토대 삼아 발전한 민주주의 국가입니다. 김주열 학생의 시신이 마산 앞바다에서 떠오른 것을 계기로 벌어진 4월 19일 시위에서 경찰이 학생과 시민에게 무차별 총격을 가하여 많은 사상자가 나왔습니다. 이후 대학 교수들까지 나서 이승만의 하야를 요구하였습니다. 결국 이승만은 하야 성명을 발표하고 대통령직에서 물러나며 4·19 혁명을 이루었다.

하지만 12·12 사태를 계기로 신군부가 장악하면서 민주주의가 다시 후퇴하고, 광주에서 1980년 5월 18일 계엄 철회와 민주주의의 회복을 요구하는 대규모 시위가 일어나자 신군부는 계엄군을 투입하여 이를 폭력으로 진압하였습니다.

1987년 박종철이 경찰의 고문으로 사망하는 사건이 발생하자 국민은 진상 규명 및 정권 퇴진과 대통령 직선제 개헌을 요구하며 대규모 민주화 시위를 전개하였습니다. 이후 6월 29일 민주화 선언 발표를 계기로 대통령 직선제로 바뀝니다.

6월 민주항쟁으로 군부 독재 정권이 사라지고 민주주의가 정착되었습니다. 이에 따라 시민의 인권 의식이 확산되고 다양한 시민운동이 본격적으로 전개되었습니다.

시민운동은 노동과 인권뿐만 아니라 여성, 환경, 경제, 사회적 약자 등 다양한 분야로 확산되었습니다.

먼저 알아둬야 할 개념들

인종 갈등과 종교 갈등

세계 대부분 나라는 다인종 사회를 이루고 있으나 다수를 구성하는 인종이 소수 인종의 문화나 종교를 인정하지 않을 때 인종 간 갈등이 발생합니다.

또 종교의 다원화 현상 속에서 다른 종교에 대한 배타적 태도가 종교 갈등을 일으키기도 합니다. 종교 갈등은 인종, 지역, 계급 갈등이 복잡하게 중첩되어 발생하기도 하며 정치적 개입으로 이루어지기도 합니다. 특히 기독교 세계와 이슬람 세계는 '문명의 충돌'이라는 말을 낳을 만큼 지구촌 곳곳에서 대립하고 있습니다. 이러한 충돌은 주로 테러의 형태로 나타납니다.

미국 등 서방 세력은 911테러 이후 '테러와의 전쟁'을 선포하고 테러 세력을 근절하기 위해 노력하고 있습니다. 하지만 테러의 범위는 전 세계로 확대되어 테러에 대한 위기감이 더욱 고조되고 있습니다.

이를 극복하기 위해서는 자신과 다른 인종이나 종교에 대해 개방적인 태도를 갖추어야 하며, 인종과 종교 차별을 금지하고 상호 공존을 모색해야 합니다.

경제적 사회적 환경에 따라 달라지는 문화

경제 발전의 수준에 따라 문화 경관이 달라지는데, 일반적으로 경제 발전의 수준이 높을수록 인공적인 경관이 두드러지며 현대적인 생활 모습이 나타납니다. 또한 사회 제도나 규범이 변화하면서 결혼 제도나 장례 풍습 등이 달라지기도 하며, 인터넷과 교통수단 등이 발달하면서 문화가 서로 교류하며 다양해지고 융합되거나 사라지는 현상이 나타나기도 합니다.

한편 종교에 따라 문화가 달라지기도 합니다. 예를 들어 이슬람교를 믿는 사람들은 돼지고기나 술을 먹지 않고 할랄 식품만 먹으며, 여성들은 부르카나 히잡 등을 입습니다.

4·19 혁명

3·15 부정선거에 항의하는 국민 시위가 대도시를 중심으로 일어나자, 이승만 정부는 경찰을 동원하여 진압하였습니다. 4월 11일, 시위 과정에서 실종되었던 김주열 학생의 시신이 마산 앞바다에서 떠오르자 시위는 전국적으로 확산되었습니다.

4월 19일, 경찰이 학생과 시민에게 무차별 총격을 가하여 많은 사상자가 나왔습니다. 이후 대학 교수들까지 나서 이승만의 하야를 요구하였습니다. 결국 이승만은 하야 성명을 발표하고 대통령직에서 물러났습니다. 이로써 학생과 시민의 힘으로 장기 독재 정권을 무너뜨리고 민주주의를 되찾았습니다.

신군부의 등장과 5·18 민주화 운동

10·26 사태 이후 전두환을 비롯한 신군부가 병력을 동원하여 불법적으로 정권을 장악하였습니다(12·12 사태). 시민이 신군부의 퇴진을 외치며 전국 곳곳에서 대규모 시위를 일으키자, 신군

부는 비상계엄을 선포하고 민주화 운동을 탄압하였습니다.

1980년 5월 18일, 광주에서 계엄 철회와 민주주의의 회복을 요구하는 대규모 시위가 일어나자 신군부는 계엄군을 투입하여 이를 폭력으로 진압하였습니다. 광주 시민은 시민군을 결성하여 계엄군에 맞섰으나, 계엄군의 무력 진압으로 많은 사람이 희생되었습니다.

전두환은 5·18 민주화 운동을 무력으로 진압한 후 대통령에 당선되었습니다. 이후 헌법을 고쳐 간접선거로 7년 단임의 대통령에 다시 당선되었습니다.

6월 민주 항쟁

전두환 정부는 언론사를 통폐합하고 뉴스를 사전 검열하는 등 언론을 장악하여 민주주의를 억압하고, 국민의 인권을 침해하였습니다. 1987년 박종철이 경찰의 고문으로 사망하는 사건이 발생하자 국민은 진상 규명 및 정권 퇴진과 대통령 직선제 개헌을 요구하며 대규모 민주화 시위를 전개하였습니다. 전두환 정부는 개헌을 거부하고 시위를 탄압하였으나, 시위는 전국적으로 확산되었습니다(6월 민주항쟁).

결국 당시 대통령 후보이자 여당 대표였던 노태우가 6·29 민주화 선언을 발표하였고, 이후 대통령 직선제 개헌이 이루어졌습니다.

다양한 가치를 포괄한 민주주의의 발전

  6월 민주항쟁으로 군부 독재 정권이 사라지고 민주주의가 정착되었습니다. 이에 따라 시민의 인권 의식이 확산되고 다양한 시민운동이 본격적으로 전개되었습니다.

  시민운동은 노동과 인권뿐만 아니라 여성, 환경, 경제, 사회적 약자 등 다양한 분야로 확산되었습니다. 이를 통해 사회의 여러 문제점을 국가와 시민 사회가 협력하여 해결하면서 진정한 민주주의로 발전하고 있습니다.

학습목표

1. 2차 대전 이후 발생한 인종과 종교 갈등에 대해 배운다.

2. 문화 차이에 대해 배운다.

3. 우리나라 민주주의의 발전 과정에 대해 배운다.

4. 배운 것을 종합해 텍스트 및 문제에 적용해본다.

내 뿌리 속 페르세폴리스를 찾아서

2022년 9월 16일, 22세의 한 여성이 도덕경찰에게 체포된 뒤 살해당했습니다. 마흐사 아미니라는 이 여성이 살해당한 이유는 '히잡을 제대로 착용하지 않아서'였습니다. 이 사건은 이란의 여성 인권 및 민주화 운동으로 이어졌고, 많은 사람들이 부상당했거나 숨졌습니다. 그러나 시민들의 항쟁은 끝나지 않고 여전히 계속되고 있습니다.

히잡은 중동 지방의 토착 풍습입니다. 그러던 것이 이슬람 율법을 거쳐 무슬림 공동체 및 국가에서 보편적인 문화가 되었습니다. 사막 지역의 열기를 막기 위한 패션에서, 여성의 순결을 보호하기 위한 도구로 점점 변화했습니다. 이란의 팔라비 왕조는 1934년 서양식 근대화를 위해 히잡 착용을 금지했습니다. 여전히 종교적인 이유로 히잡을 착용하는 여성들도 많았으나 벌을 받지 않았고 여성들의 다양성이 존중됐습니다.

하지만 1979년 종교 지도자 호메이니가 이슬람 혁명을 일으킨 후, 여성들은 무조건 히잡을 착용하도록 법령을 제정했습니다.[1] 그때부터 이란 여성들은 도덕경찰의 감시를 받고 남성과 구분되어 살아가도록 강요되었습니다.

〈페르세폴리스〉는 원작자이자 애니메이션 감독을 맡은 마르잔 사트라피의 자전적 만화입니다. 마르잔은 1979년 이슬람 혁명 당시 아홉 살의 소녀로서, 혁명을 지지하는 부모님과 친척들 아래서 성장합니다. 그러나 혁명은 모두의 생각과 다른 방향으로 흘러갔고, 1년 후 이란-이라크 전쟁이 발발하며 많은 사람이 죽는 광경을 보게 됩니다. 마르잔은 14세 때 이란을 떠나 오스트리아로 떠나지만, 비참한 체험을 겪으면서 4년 후 다시 이란으로 돌아옵니다. 하지만 이란에서도 마르잔은 더 이상 어린 시절처럼 순수하게 살아갈 수 없었습니다.

문화는 공동체의 정체성을 가리키기도 하지만 억압의 도구로 이용되기도 합니다. 마르잔의 삶과 2022년 이란 사이에는 '히잡'이라는 공통된 문화가 있습니다. 그렇기 때문에 〈페르세폴리스〉는 단지 옛날이야기가 아니라, 현재 벌어지는 다른 나라의 상황과 문화를 이해하는 창이기도 합니다. 이런 관점에서 〈페르세폴리스〉의 이야기로 들어가보겠습니다.

---

1 오은경, 「이슬람의 가치는 왜 '히잡'이어야 하는 걸까」, 『시사저널』, https://www.sisajournal.com/news/articleView.html?idxno=249620, 2022.11.06, 2023.03.28 검색.

마르잔의 방황, 그 안에서 자라난 다양한 정체성과 갈등

새 정부가 출범한 이래
-정치범들은 석방됐다
-선생님
자유를 위해 큰 대가를 치렀고
결국 쟁취했다
-선생님
-사트라피, 왜?
삼촌은 국왕 정권 때 잡혀갔는데
새 정부가 삼촌을 처형했어요
국왕 정권 땐 3천 명이었던 정치범이
지금은 30만 명이에요
왜 거짓말을 하시는 거죠?
(중략)

소녀들이 잡히면 어떻게 되는지 알아?
니루파가 어떻게 됐는지 몰라?
법적으로 처녀는 못 죽이니까
감시원과 결혼시켜서 몸도 뺏고 죽였다구
내 말이 무슨 뜻인지 알아들어? (40~41)

마르잔은 수업 중 학교 선생님께 대들고, 경고를 받습니다. 그러자 마르잔의 어머니는 마르잔을 걱정하며 니루파라는 여성이 당한 일을 말합니다. 니루파는 오빠가 공산주의자였기 때문에 숨어 살다가 체포됐는데, 처녀이기 때문에 감시원과 강제로 결혼한 다음 처형당하고 말았습니다. 마르잔의 아버지는 마르잔이 삼촌처럼 혁명적인 기질을 가지고 있다며 경고를 크게 걱정하지 않지만, 어머니는 마르잔이 여성이기 때문에 당할 일을 걱정한 후 마르잔을 오스트리아 유학 보내기로 결정합니다.

> 두고 봐 다 잘 될 거야
> 울지 말고 네 미래만 생각해
> 유럽에 진출하는 거야
> 도착하면 자허토르테부터 먹어봐
> 맛있는 초콜릿 케이크야
> 곧 만나러 갈 테니 씩씩하게 잘 있어
> 울지 마
> ―아빠
> ―이제 가봐라
> 네 정체성과 고향을 잊어서는 안 된다 (42~43)

오스트리아로 떠나는 마르잔에게 아버지는 "네 정체성과 고향을 잊어서는 안 된다"고 말합니다. 미래를 위해 유럽으로 떠나지만, 마르잔은 여전히 이란인이라는 점을 상기합니다.

부모님의 낙관적인 위로에도 불구하고, 마르잔은 낯선 유럽 땅에서 차별을 먼저 경험합니다.

　사람들은 말을 잘 못 듣는다고 비웃기도 하고, 이란인은 무식하다는 소리를 듣기도 합니다. 또한 처음 사귄 친구들은 가치관이 너무 달라, 마르잔이 겪은 일을 야만적이라 말하고 시위해봤자 변하는 건 없다며 허무주의적 태도를 보이기도 합니다.

　인종차별에 지친 마르잔은 파티에 참석해 자신을 유럽인으로 속였지만, 사람들은 그런 마르잔을 보고 놀립니다. 그때부터 마르잔은 자신이 이란인이라고 자랑스럽게 주장하며, 주변의 불합리한 일들에 항의하고 반항합니다. 그렇게 떳떳하고 강하게 살아가려고 노력하던 마르잔이었으나, 사랑에 실패한 후 살던 곳도 나오고 노숙하며 살게 됩니다.

　　　혁명 때문에 가족 중 한 명도 잃고
　　　전쟁도 견뎌냈는데
　　　한낱 사랑 때문에 쓰러지고 말았다 (1 : 01)

　병에 걸려 병원에 입원하면서, 마르잔은 이란으로 돌아옵니다. 이때부터 마르잔의 삶은 서구적 가치관과 이란에서 살아가기 위한 가치관 사이의 충돌 속에 놓입니다. 그 와중에도 마르잔은 씩씩하고 강하게 살기 위해 노력하나 삶은 그렇게 순탄하지 않습니다. 이란에서는 자연스러운 연애조차 힘든 탓에, 마르잔은 어린 나이에 혼례를 올리고 맙니다. 영원할 줄 알았던 남편과의 사랑은 얼마 안 가 식고, 파티에 놀러 다니며 스트레스를 해소합니다.

그러나 도덕경찰이 파티를 검열하여 친구가 죽었고, 마르잔은 얼마 안 가 이혼한 후 프랑스로 떠납니다.

〈페르세폴리스〉 속에서 서양과 이란 모두 마르잔을 있는 그대로 존중해주지 않습니다. 서양에서는 인종과 문화가 다른 탓에 생긴 편견 때문에, 이란에서는 자유로운 표현을 할 수 없기 때문에 그렇습니다. 이 전혀 다른 두 가치관이 마르잔의 내면에 정착됐고, 정체성 갈등을 겪는 계기가 됩니다.

마르잔의 상황은 한국에서 태어나 한국에서 계속 살았다면 먼 나라 모르는 사람의 일로 느껴지기 쉽습니다. 그렇지만 마르잔의 궤적을 보고 있노라면 상황과 맥락을 모두 이해하지는 못하더라도 감정에 공감할 수 있습니다. 우리나라의 역사 또한 다양한 굴곡과 차별을 토대로 민주주의를 발전시킨 과정이 있었기 때문입니다.

현대사회를 살면서 우리는 미디어를 통해 나와 다른 나라, 다른 사회 공동체 사람들의 삶을 쉽게 접할 수 있습니다. 하지만 내가 접하지 않은 국가적 가치관 혹은 문화는 때로 충돌이나 갈등을 부르는 경험이 될 수 있습니다.

혼란스러운 역사, 그리고 〈페르세폴리스〉

애니메이션 〈페르세폴리스〉는 마지막 장면을 빼면 흑백 두 색밖에 쓰이지 않습니다. 이는 〈페르세폴리스〉 속 사건들이 마르잔의 과거 회상임을 알려줍니다. 또한 마르잔의 방황하는 내면을 연출하는 것 같기도 합니다. 더 나아가 보면, 다양한 색을 잃고 흑 아니면 백으로만 존재하는 세계에 갇힌 마르잔을 나타낸다고 볼 수도 있습니다.

이란에 있을 때 마르잔은 목숨의 위협을 받으며 삽니다. 존경하던 삼촌은 민주화 운동 중 체포되어 사형당하고, 폭격당해서 죽은 이웃을 목격하기도 합니다. 하지만 정작 마르잔이 정말 죽을 뻔했던 사건은 실연이라는 개인적인 이유 때문이었습니다. 마르잔은 흑과 백뿐인 세상 속에서도 흑, 백 둘 중 하나에 갇히지 않은 개인주의적 인물입니다.

〈페르세폴리스〉 속 마르잔의 개인주의적인 가치관은 단지 한 개인의 사상이나 일탈로 표현되지 않습니다. 마르잔은 민주주의를 위해 투쟁하던 부모님과 친척들을 보고 자랐고, 할머니 역시 마르잔이 자유롭게 살도록 가르침을 주었습니다. 그런 마르잔에게 히잡은 취향이나 패션이 아닌, 살기 위해 하는 족쇄가 됩니다. 심지어 화장을 해도 도덕경찰에게 잡히기 때문에, 마르잔은 도망치려고 다른 사람을 고발하기도 합니다.

오스트리아를 통해 본 서구는 겉으로는 자유로우나, 마르잔이 서양에서 태어난 백인이 아니기 때문에 자유롭지 못합니다. 마르잔은 서양에서 사는 것이 더 적합할 것 같은 개인주의자지만, 정작 서양에서조차 인종적 문제 때문에 마르잔은 원하는 대로 자신을 내보이며 살기 힘든 모습을 보입니다.

그래서 마르잔을 받아주는 이상적이고 완벽한 국가란 없습니다. 어디에 있든 마르잔은 이방인처럼 떠돌며, 힘겹게 성장합니다. 그런 마르잔을 끝까지 지지해주는 사람은 부모님과 할머니입니다. 특히 마르잔은 할머니를 그리워하며 마지막 장면에서 다음과 같이 독백합니다.

> 다시는 할머니를 볼 수 없었다
> 얼마 후 돌아가셨다
> 자유에는 대가가 따르는 법 (1 : 30)

서양으로 다시 자유를 찾아 떠나는 마르잔에게 주어진 대가는, 할머니의 임종을 지키지 못하고 영원히 만날 수 없게 되었다는 점입니다. 마르잔의 유년기를 이끌어주었던 중요한 인물 두 사람이 모두 마르잔 곁을 떠나고 말았습니다.

마르잔이 사는 사회는 자유롭게 사는 개인을 결코 용납하지 않습니다. 여성이 히잡을 쓰지 않는 것, 파티를 열고 술을 마시며 노는 것, 정부 방침에 개인 의견을 제시하는 것 등 전부 도덕경찰에게 발각되면 목숨이 위험할 정도로 금지된 행위입니다. 그래서 개인이 쉽게 일탈하는 것도 힘들고, 마르잔처럼 아예 타국으로 망명해야만 겨우 벗어날 수 있습니다. 그 대신 마르잔은 할머니의 임종을 지키지 못하고, 가족도 쉽게 만날 수 없습니다. 자유를 얻기 위해서는 자신의 목숨이든, 남의 목숨이든 포기해야만 하는 가혹한 현실을 마주할 수 있습니다.

서양으로 떠난 마르잔의 이후 삶은 행복할까요? 마르잔의 모델이 된 실제 작가 마르잔 사트라피는 이후로도 프랑스의 뿌리

깊은 인종차별과 맞서야 했고, 〈페르세폴리스〉는 출판된 후 검열되어 청소년에게 팔지 못하는 사건을 겪기도 했습니다. 애니메이션 속에서 묘사된, 프랑스에서 마르잔이 겪었던 시련들은 여전히 존재한다고 볼 수 있습니다.

다시 작품의 제목인 '페르세폴리스'가 무엇인지 상기해보세요. 페르세폴리스는 고대 페르시아 아케메네스 왕조의 수도였지만 알렉산더 대왕의 공격을 받은 후 폐허가 되고 만 도시의 명칭입니다. 1971년 이곳에서 이란 왕조 창건 2,500년의 기념식을 열었고, 여전히 유적지로서 의미를 가지는 곳이기도 합니다. 그런데 작품 내에서 이곳이 중요한 의미를 가지는 것도 아니고, 내용에 나오지 않는데도 저자는 이 제목을 선택했습니다.

페르세폴리스의 뜻은 '페르시안들이 사는 도시'입니다. 저자는 자유민주주의가 없는 현대의 이란을 페르세폴리스처럼 사람이 살지 못하는 폐허로 의도한 것은 아닐까요? 즉, 이란인들이 사는 현대 이란의 도시 역시 페르세폴리스와 같이 폐허와 마찬가지라는 강력한 비판 의도를 담았다고 생각해볼 수 있습니다. 하지만 이런 의도만 담았다고 볼 수 없습니다.

마르잔은 한 개인인 동시에 이란인 혈통과 뿌리를 품은 사회적 존재입니다. 그래서 인종적인 요소와 경험을 완전히 제외하고 다른 곳에서 똑같이 살아갈 수 없습니다. 폐허가 되었지만 2,500년간 남아 여전히 사람들의 기억에 자리 잡은 페르세폴리스처럼, 마르잔도 자신의 뿌리와 혈통을 잊거나 지우고 살 수 없습니다. 저자가 이 작품을 창작한 강력한 이유 역시, 자신의 '기억'을 지우지 않고 남기고 싶기 때문일지도 모릅니다. 자신을 둘러싼 다른 이란 사람들의 기억을 함께 담아 '페르세폴리스'라는 제목을 지었다고 볼 수 있습니다.

잠깐 우리 역사의 경우를 살펴보자면, 조선이 일제에게 국권을 상실했을 때 학자들이 가장 먼저 한 것은 언어와 문화를 보존하려는 것이었습니다. 일제는 반대로 언어와 문화를 지우려고 했습니다. '언어'와 '문화'는 한 민족이 공유하는 가장 강력한 기억이기 때문입니다. 민족이 같은 기억을 공유한다면 여전히 정체성을 잃지 않고, 스스로 뿌리에 자긍심을 가지며 살 수 있습니다.

마지막으로, 페르세폴리스는 그리스의 알렉산더 대왕에게 정복당한 도시입니다. 그리스는 로마와 함께 서양 사상에 가장 깊이 뿌리 내린 국가입니다. 영화 〈300〉을 보면 페르시아는 강력하면서 비정한 적군이며 스파르타인들을 막아서는 시련으로 등장합니다. 즉 페르시아는 서양에서 부정적인 이미지로 묘사되는 경우가 많습니다. 따라서 페르세폴리스라는 도시도 서양 관점에서는 그리 중요하지 않은 장소라 볼 수 있습니다. 그렇기 때문에 저자는 오히려 이 '페르세폴리스'를 제목으로 보여주면서 서양인들이 간과한 이란인의 존재와 경험을 담았다는 의도를 전하려는 걸지도 모릅니다.

따라서 '페르세폴리스'라는 제목에는 국가에 대한 강력한 저항과 비판의심이 담겨 있는 동시에, 스스로의 뿌리에 자긍심을 느끼고 타국에서 저항하며 살아가려는 저자의 의지가 반영되어 있다고 볼 수 있습니다.

〈페르세폴리스〉, 모두에게 질문을 던지다

다시 맨 처음 나온 사례를 떠올려보세요. 마흐사 아미니는 민주주의적 관점에서 봤을 때 타인에게 피해를 주는 부당한 행위를 하지 않았습니다. 그저 히잡을 제대로 착용하지 않았다는 죄로 사망하고 말았습니다. 불과 2022년에 벌어진 사건입니다.

프랑스 사회에서는 이슬람 이민자들과의 갈등이 계속 남아 있습니다. 2015년 벌어진 샤를리 에브도 총격 테러 사건 등이 그 예입니다.

이 사건들은 먼 나라의 이해할 수 없는 일들이 아니라, 한국에도 질문을 던지고 있습니다.

현재 대구에서는 이슬람 사원 건설 반대와 관련해 갈등이 빚어지고 있습니다. 반대 시위를 하는 과정에서 이슬람에서 금지하는 돼지고기를 먹는 것과 같이, 타 문화를 조롱하는 행위를 하기도 합니다.

한국에는 마르잔 같은 인물이 없다고 할 수 있을까요? 그리고 우리 모두는 자유를 느끼며 원하는 대로 살고 있을까요?

〈페르세폴리스〉는 마르잔이라는 한 개인의 삶을 잔잔하게 비춰주면서 여러 물음을 던집니다. 우리는 과연 어떤 정체성을 가지며 살아가는지, 또 자유롭게 살아가는지. 존중받지 못하고 자유롭지 못 하다면 왜 그런지.

마르잔의 이야기를 통해 그런 질문에 답을 해보는 시간을 잠깐 가져볼 필요가 있을 것 같습니다.

생각 펼치기(토론 논술 활동)

1 내가 마르잔이라면 페르세폴리스의 결말처럼 해외로 떠날지, 혹은 가족과 남을지 생각해보세요.

그렇게 생각한 이유는 무엇인가요?

2 다음 글을 읽고 질문에 따라 글쓰기를 해보세요.

> 소설 『파친코』는 3대에 걸친 오사카 재일교포의 삶을 묘사하고 있다. 오사카로 건너간 백이삭에게는 노아와 모세(모자수)라는 두 아들이 있는데, 머리가 좋은 노아는 대학에 진학하고 모세는 파친코 가게에서 일하다가 사업 수완을 인정받고 파친코 사장이 된다.
> 노아와 모세 두 사람 모두 남부럽지 않은 사람들이지만 완전한 일본인으로, 혹은 한국인으로 받아들여지지 못하는 차별을 은연중에 계속 당한다. 모세는 모두가 부러워할 만큼 부자가 되지만 일본에서는 '더러운 조선인'이라며 계속 조롱당하고 한국에서는 일본인이라 받아들여지지 않는다. 이 차별은 모세의 아들 솔로몬에게까지 이어진다. 솔로몬은 조선인 등록증을 발급 받으러 갔다가 관청 직원에게 이름으로 놀림 당하고 조선인들은 왕이 없다며 비꼬는 말을 듣게 된다.

1) 위 글은 소설 『파친코』[2]의 내용 요약입니다. 제시된 글을 참조하여 『파친코』와 〈페르세폴리스〉 속 이주민의 삶에서 나타나는 차별에 대해 비교하며 써보세요.

페르세폴리스	파친코

---

[2] 이민진, 『파친코』, 인플루엔셜, 2022.

2) 문화적 차이 존중, 민주주의의 원칙 등 근거를 들어 파친코 본문 속 일본 사회의 모습을 비판적으로 써보세요.

생각 날기 (글쓰기)

1 한국에 대해 잘 모르는 외국인들을 대상으로 하여 한국 안내 가이드를 작성해보세요.(다음과 같은 내용을 포함시켜야 합니다. 한국의 주요 사건 하나 / 해당 사건이 발생한 장소 / 사건이 발생한 일시 / 해당 사건 이후 변화한 사회 배경/문화)

바다의 노래 :
벤과 셀키 요정의 비밀

톰 무어 | 아일랜드 | 2014 | 전체 관람가

아주 오래전, 선조들로부터 전승된 이야기인 설화는 구전되어 내려오면서 한 나라의 정신과 문화를 만드는 큰 틀이 되었습니다. 영국의 식민 지배를 받은 경험이 있는 아일랜드는 그들만의 고유한 문화를 지키기 위해 아일랜드 신화와 전설을 문학 속에 옮기며 민족정신을 이어가려 했어요. 〈바다의 노래〉는 과거 아일랜드 문예부흥운동의 영향을 받아 켈트 신화의 바탕 위에 빚어진 작품입니다. 〈바다의 노래〉의 어떤 요소에 신화적 영향력이 녹아 있는지 살펴보세요.

관련된 교과

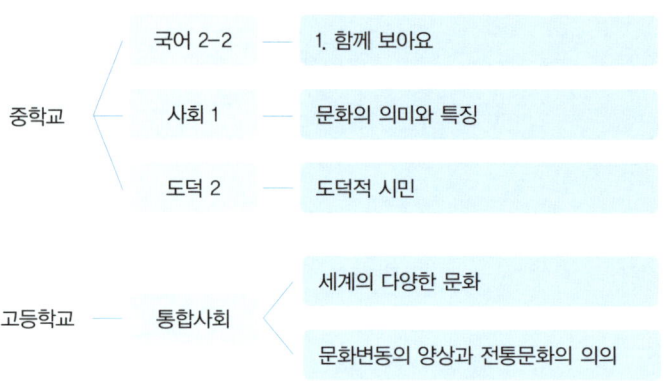

교과서 속 인문학 콘셉트

　문화란, 한 사회를 이루는 구성원들이 공통으로 갖고 있는 의식주, 가치, 규범 등 살아가는 방식을 아울러 이르는 말입니다. 문화는 사회가 처한 환경에 따라 다르게 형성됩니다. 각 사회의 고유한 특징이 문화를 통해 드러나기도 하지만, 문화를 통해 이어진 생활양식을 학습하고 공유한 사회 구성원들이 비슷한 생활양식을 보이기도 합니다. 하나의 문화 안에 속한 요소들이 서로 영향을 주고받으며 끊임없이 변화하면서 문화 전체를 이룹니다.

　각 문화에는 각각의 사회가 중시하는 고유한 정신과 가치가 담겨 있습니다. 특히 전통문화에는 과거로부터 이어져 내려오는 문화 요소 중 현재까지 인정받고 있는 가치가 담겨 있죠. 전통문화는 구성원들에게 오랫동안 많은 영향을 끼치고, 사회 유지와 통합에 이바지하며 문화의 고유성을 유지합니다. 이런 정신이 담긴 전통문화를 지키며 창조적으로 계승하고 발전시켜나갈 때 우리는 우리 것을 지키며 다양한 세계 문화와 어울려나갈 수 있을 것입니다.

먼저 알아둬야 할 개념들

문화

문화란 사회구성원이 살아가는 방식을 총체적으로 이르는 말입니다. 넓은 의미의 문화는 한 사회 구성원이 공통으로 가지고 있는 의식주, 가치, 규범 등 전반적인 생활양식을 뜻합니다.

문화의 특징

문화는 사회가 처한 환경에 따라 다르게 형성되어왔습니다. 각 사회의 문화가 가진 고유한 특징이 서로 다른 모습으로 나타나는 것을 문화의 특수성이라 합니다. 그러나 각 나라와 사회마다 특수한 형태로 나타나는 문화에도 공통적인 특징이 있습니다. 모든 문화에 공통적으로 나타나는 특징을 문화의 보편성이라고 합니다.

문화는 한 사회나 집단 구성원이 공통으로 가지는 생활양식이기 때문에, 같은 문화에 속한 사람은 특정 상황에서 공통적 생활양식에 따라 같은 행동을 하게 됩니다. 이처럼 특정 문화권에 속한 사람의 행동을 예측할 수 있게 하는 특징을 문화의 공유성이라 합니다.

문화는 타고난 것이 아니라 후천적으로 학습하는 것이며(문화의 학습성), 사람들의 경험이 오랜 세월 쌓여서 만들어진 것입니다. 앞선 세대의 지식과 경험이 언어와 문자 등을 통해 전달·축적되어 다음 세대로 전승되는 것을 문화의 축적성이라 합니다.

문화에는 변동성이 있습니다. 고정된 것이 아니라 새로운 요소가 추가되거나 사라지는 등 끊임없이 변화합니다. 한편 한 문화를 구성하는 요소들은 다른 문화 요소와 상호 긴밀한 관계를 유지하며 하나의 전체를 이루는데, 이를 문화의 전체성이라 합니다.

전통문화

전통문화란 어떤 집단이나 공동체에서 과거로부터 이어져 내려오는 문화 요소 중 현재까지 그 가치를 인정받고 있는 것을 뜻합니다. 전통문화는 공동체 구성원에게 오랫동안 많은 영향을 끼치고, 사회 유지와 통합에 이바지하며 문화의 고유성을 유지하는 역할을 합니다. 전통문화에는 독특한 자연 및 사회적 환경 속에서 오랜 역사를 거쳐 전해지는 조상들의 소중한 정신과 가치가 담겨 있습니다. 각 문화에서 중시되는 고유한 정신과 가치는 구성원의 사고방식이나 행동 양식에 영향을 줍니다. 문화의 고유성이 유지될 때 구성원으로서 문화정체성을 지킬 수 있습니다다. 문화의 정체성을 지키며 창조적으로 계승하고 발전시켜 나갈 때, 다양한 세계 문화와 조화를 이룰 수 있을 것입니다.

학습목표

1 문화의 특징에 대해 이해할 수 있다.

2 역사와 문화, 설화의 연결성을 알고 고유한 정신과 가치를 이해할 수 있다.

3 우리 문화를 소개하는 글을 쓸 수 있다.

전통과 문화, 설화에 담기다

　신화와 전설, 민담은 아주 오래전 선조들로부터 전승된 이야기입니다. 입에서 입으로 전해 내려오면서 각 나라의 문화를 형성하는 커다란 기틀이 되었죠. 오늘날 우리가 접하는 다양한 이야기를 비롯해 판타지 소설이나 영화, 게임의 세계관도 신화나 설화를 차용해 만들어지곤 합니다. 예로부터 이어져 내려오는 이야기에는 각 나라의 문화적 특성과 민족정신이 반영돼 있습니다. 그렇기 때문에 옛이야기를 아는 일은 우리가 어디에서 왔는지, '우리 것'은 무엇인지 찾을 수 있는 지적 탐구의 한 방법이기도 합니다.

　우리가 살고 있는 이곳과 멀리 떨어진 아일랜드 사람들에게도 옛이야기를 지키는 것은 민족의 뿌리를 찾는 방법이었어요. 아일랜드는 영국의 지배 아래에서 긴 수난과 핍박을 겪었던 아픈 역사가 있는 나라입니다. 이런 곳에서 설화는 어떤 의미를 가지고, 어떤 역할을 할까요? 아일랜드 물개 요정 셀키가 노래하는 바다의 이야기 속으로 한번 들어가보세요.

셀키 요정 이야기

 남매인 벤과 시얼샤는 강아지 쿠, 등대지기인 아빠와 함께 외딴섬에 살고 있습니다. 시얼샤를 낳고 사라져버린 엄마가 그리운 벤은 엄마가 사라진 게 시얼샤 탓인 것만 같아요. 친구라고는 커다란 개 쿠밖에 없는 외딴섬에서 살고 있지만, 벤은 말 못 하는 동생 시얼샤와는 잘 놀아주지 않습니다. 엄마가 주신 소라고둥은 제 것이라며 만지지 못하게 하고요. 어린 벤에게는 부모님의 보살핌이 필요하지만, 사라진 엄마가 남긴 말은 동생을 잘 돌보라는 말뿐이었고 비탄에 잠긴 아빠는 벤을 소홀히 대하죠. 벤은 엄마를 생각나게 하면서 아빠의 사랑을 독차지하는 시얼샤가 밉기만 합니다.

 벤의 엄마는 왜 벤을 떠나야만 했을까요? 벤의 엄마 브로나는 아일랜드 전설 속의 셀키 요정입니다. 셀키는 아일랜드의 물개 요정인데요. 전설 속 셀키는 물 밖으로 나올 때 물개 가죽을 벗고 인간으로 변신해 나온다고 합니다. 이때 셀키가 벗어놓은 물개 가죽을 누군가 훔치면 셀키는 그 사람의 아내가 되어 살아야 해요. 물개 가죽을 찾으면 바다로 돌아가게 되고요. 애니메이션 〈바다의 노래〉에 등장하는 브로나도 셀키 코트를 입고 바다로 돌아가죠. 아일랜드 전설 속 셀키 요정을 모티브로 삼은 거예요. 물론 벤의 아빠가 브로나의 코트를 훔쳐 아내로 삼은 것은 아니지만, 바닷속에서는 물개로, 육지에서는 인간으로 살면서 셀키 코트를 입으면 바다로 돌아갈 수 있다는 점을 전설 속 셀키 이야기에서 빌려온 거죠.

셀키 요정 전설은 〈바다의 노래〉의 이야기를 이끌어가는 중요한 열쇠가 됩니다. 벤과 시얼샤의 모험은 시얼샤가 셀키이기 때문에 벌어지는 일이니까요. 시얼샤는 브로나의 셀키 형질을 물려받아 반은 인간, 반은 요정으로 태어났습니다. 시얼샤의 생일 날, 늦은 밤 엄마의 셀키 코트를 발견한 시얼샤는 물개로 변신해 바닷속에서 즐거운 시간을 보냅니다. 하지만 할머니와 아빠는 바닷가에서 발견된 시얼샤가 걱정스럽기만 하죠. 평범한 아이라면 밤엔 침대에서 얌전히 잠을 자야 할 테니까요. 아이들이 도시에 살지 않는 것이 불만이었던 할머니는 시얼샤의 일을 계기로 남매를 도시로 데려갑니다. 큰 몸집 때문에 도시에 살 수 없는 쿠는 섬에 묶어두고요. 친구였던 쿠도 잃고, 낯선 도시와 불편한 할머니 댁에서 살게 된 벤은 탈출을 계획합니다. 이렇게 벤과 시얼샤는 집으로 돌아가기 위한 모험을 시작합니다.

설화 속 아일랜드 요정들

집으로 돌아가기 위한 벤과 시얼샤의 모험은 할로윈 날 밤에 일어납니다. 할로윈은 아일랜드 민족의 조상인 고대 켈트족의 축제, '삼하인'과 연관이 있어요. 삼하인은 겨울의 시작과 새해를 알리는 축제입니다. 고대 켈트족은 11월 1일을 신년으로 보고, 한 해의 마지막 날인 10월 31일과 새해의 시작인 11월 1일을 기념하는 삼하인 축제를 열었어요. 삼하인은 이승과 저승 사이의 문이 열리는 날이기도 했는데요. 고대 켈트족은 이 문을 통해 신과 요정, 죽은 사람과 산 사람이 자유롭게 이승과 저승을 오갈 수 있다고 생각했다고 합니다. 벤과 시얼샤가 디나쉬를 만나게 되는 것도, 마카 부엉이가 시얼샤를 잡아가는 것도 이날이 요정들이 인간 세상으로 나오는 날이기 때문에 일어난 일이죠.

도시 한복판에 숨어 사는 디나쉬들은 할머니의 털코트를 셀키 털옷으로 착각하고 시얼샤를 자신들이 숨어 사는 고분으로 데려갑니다. 시얼샤를 따라 디나쉬가 사는 곳으로 들어가게 된 벤은 엄마의 이야기 속 디나쉬들을 실제로 만나게 되죠. 아일랜드 민족이 사용하던 언어인 게일어로 요정을 뜻하는 단어 '쉬오크'의 복수형은 '디니쉬'입니다. '디나쉬'와 비슷한 이름이죠? 켈트 신화 속 요정들은 아일랜드의 신족 '투어허 데 다난'이 사람들의 기억 속에서 점점 잊혀져, 상상 속에서 점점 키가 작아진 것이라고 해요. 전쟁에 패해 원래 살던 땅에서 쫓겨나게 된 다난 신족들은 켈트 신화에 등장하는 낙원 '티르 나 노그'에 살고 있다고 해요. 이 요정들은 자신을 '좋은 사람들', '다른 무리', '착한 이웃'이라고 부르죠. 〈바다의 노래〉의 디나쉬들이 돌아가고 싶어 하는 요정의 땅이 바로 이곳입니다. 디나쉬들이 마지막 남은 셀키 시얼샤를 찾던 이유도 셀키 요정의 노래를 통해서만 이곳으로 돌아갈 수 있기 때문이었어요.

켈트 신화의 요정들은 인간이 선하게 대하면 선하게 대하고, 악하게 대하면 악하게 대하는 선하지도 악하지도 않은 존재입니다. 화가 나면 요정 화살로 사람이나 소를 마비시키지만, 기분이 좋을 때는 노래를 하는 장난꾸러기들이죠. 요정들에게는 사람의 아이를 훔치고 그 자리에 늙은 요정을 대신 남겨두고 오는 '체인질링'이라는 나쁜 습관이 있다고도 하는데요. 디나쉬가 시얼샤를 데려간 것이나 마카 부엉이가 시얼샤를 납치한 것도 요정들의 체인질링에서 모티브를 얻었다고 볼 수 있을 겁니다. 이렇게 신화는 〈바다의 노래〉의 이야기를 구성하는 요소 하나하나에 녹아 있습니다. 눈물에 빠져 죽을 지경이 될 만큼 많은 눈물을 흘려 마카가 고통을 없애주고 돌로 만들어버렸다는 맥리르 거인 역시 투어허 데 다난 신족 중 하나인 바다의 신 '마난난 막 리르'에서 온 거예요. 마난난 막 리르는 죽은 사람을 저승세계로 데려가는 저승사자이기도 합니다. 시얼샤의 노래로 〈바다의 노래〉의 요정들을 티르 나 노그로 이끄는 것도 맥리르 거인이죠. 벤의 강아지 쿠는 아일랜드어로 '개'를 의미하는데, 다난 신족과는 다른 시대의 영웅 쿠훌린에서 이름을 가져온 것이라고 해요.

〈바다의 노래〉에 옛 아일랜드의 어떤 이야기가 녹아 있는지 더 살펴볼까요? 요정들이 사는 '라스'는 작은 둔덕 모양으로 무덤 형태를 하고 있습니다. 배수로로 빙 둘러싸여 있고, 아일랜드 전역에 분포돼 있어요. 〈바다의 노래〉에서 요정 세계와 인간 세계를 이어주는 통로 역할을 하는 곳이기도 하죠. 라스의 우물로 들어간 시얼샤를 따라가던 벤은 이곳에서 술샤를 만납니다. 술샤는 긴 머리카락을 가진 요정입니다. 머리카락 하나하나에는 요정의 이야기가 담겨 있어요. 술샤와 요정들은 이야기를 통해 모두 연결되어 있습니다. 하지만 이야기는 기억하는 사람이 없으면 더 이상 이어지지 않고, 기억하는 이가 없는 요정은 결국 현실세계에서 사라지게 됩니다. 술샤는 요정들이 사라지듯 자신의 머리카락이 더 이상 자라지 않는다고 하죠. 셀키가 노래를 못 부르면 요정들이 사라진다고도 하고요.

　신화, 전설, 민담과 같은 옛이야기들은 입에서 입으로 구전되어 왔습니다. 구전되는 이야기를 전달하기 가장 좋은 매개체는 바로 노래입니다. 많은 신화와 전설이 시 형태를 하고 있는 건, 음유시인이 노래를 통해 전승한 옛날이야기였기 때문일 거예요. 벤이 엄마가 들려준 노래를 통해 요정들의 이야기를 기억하는 것처럼 말이에요.

아일랜드의 신화와 전설, 민담

　앞서 말했듯, 아일랜드 사람들에게 신화나 전설과 같은 옛이야기를 전승하는 것은 민족의 뿌리를 찾기 위한 일이었습니다. 아일랜드 사람들의 이러한 노력은 1890년부터 1920년까지 아일랜드에서 일어났던 아일랜드 문예부흥운동을 통해 이루어졌어요. 아일랜드 문예부흥운동은 아일랜드 신화인 켈트 신화와 전설에서 '켈트성'을 찾아 아일랜드의 정체성을 확립하고자 한 운동이었습니다.[1] 이 운동의 대표 주자였던 윌리엄 버틀러 예이츠는 신

1　김복순, 「아일랜드 문학의 전유와 민족문학 상상의 젠더」, 『민족문학사연구』 제44권, 2010.

화와 전설, 민담을 통해 영국의 식민지였던 아일랜드의 잃어버린 민족성을 회복하고자 했습니다. 예이츠는 아일랜드 최초로 노벨문학상을 수상한 시인이기도 합니다. 노벨 위원회는 1923년 예이츠에게 노벨상을 수여하며 "매우 예술적인 형태로 아일랜드 전체의 혼을 표현한 탁월한 시"라고 평하기도 했죠.

예이츠는 주로 아일랜드 농민들에게 구전되는 설화를 수집해 시를 쓰곤 했어요. 영국의 식민 지배를 받기 전 아일랜드 켈트족의 낭만적인 신화와 전설에 아일랜드의 민족성이 담겼다고 생각한 거였죠. 이런 생각은 식민 치하에서도 아일랜드 사람들의 민족의식을 고취하고 자긍심을 일깨워주는 역할을 했어요. 아일랜드 전통 문화가 촌스러운 지방 문화로 치부되는 영국 중심사상에 대한 반발로 나타난 아일랜드 문예부흥운동은 식민 지배에 의해 억압된 전통적 국가관과 땅에 관한 정체성을 회복시키려 한 것이었습니다.[2] 도시화된 영국 문화는 자연에 담긴 아일랜드 문화와 대립되는 것이었죠.

〈바다의 노래〉에도 이런 관점이 반영되어 있습니다. 벤과 시얼샤가 살고 있는 섬은 도시의 영향력이 미치지 않아 자연 그대로의 모습을 간직하고 있죠. 반면 할머니가 사는 도시는 벤과 시얼샤가 벗어나야 하는 공간입니다. 켈트 신화의 영웅 쿠훌린의 이름을 딴 강아지 쿠는 몸집이 너무 커서 갈 수 없는, 신화적 상징

---

[2] 성창규, 「예이츠의 신화적 공간과 영토적 정체성」, 『영어권문화연구』 5권 1호, 2012.

으로부터 멀리 떨어진 공간이기도 합니다.

　자연으로부터 멀어진 도시의 문명 속에서 신화와 전설 속의 요정들은 점점 잊혀져갑니다. 슐샤의 머리카락은 더 이상 자라지 않고 사라져가고요. 하지만 벤과 시얼샤가 집으로 돌아가는 데 도움을 준 것은 모두 요정들이었어요. 도시화된 문명사회에서 점차 잊혀져 전설 속의 낙원 티르 나 노그로 떠나야 하지만, 노래와 이야기로 남아 사람들의 마음속에 희망을 주면서요.

우리 것을 지킨다는 것의 의미

　지금까지 〈바다의 노래〉의 소재와 배경이 된 신화와 전설, 민담의 이야기를 살펴보고 이를 통해 아일랜드 사람들이 지키고자 한 아일랜드의 뿌리와 민족주의 정신에 대해 살펴봤습니다. 〈바다의 노래〉는 켈트 신화 속 요정 셀키의 이야기를 중심으로 벤과 시얼샤가 맥리르 거인과 요정들의 감정을 되찾아주며 집으로 돌아가는 이야기를 큰 골자로 하고 있어요. 아일랜드를 식민 지배하던 영국 사람들이 영국의 문화는 이성적인 것으로, 아일랜드 전통 문화는 촌스럽고 감성적인 것으로 치부했던 것을 생각하면, 〈바다의 노래〉는 제국주의가 폄하하고 얕잡아 본 아일랜드 문화에 대한 자기긍정이자 전통의 복원, 민족적 자긍심의 회복에 한 발짝 다가가려 한 작품이라고 생각해볼 수 있을 것입니다.

　아일랜드는 우리나라와 비슷한 역사와 아픔을 가진 나라입니다. 우리가 일본의 식민 지배를 받았듯이 아일랜드도 영국의 식민 지배를 받았죠. 영국이 아일랜드의 전통문화를 말살하려 한 것처럼, 우리나라에도 우리 문화를 이어가지 못하게 하려는 일본의 억압과 침탈이 있었습니다. 이름을 바꾸게 하고 우리말을 쓰지 못하게 하면서요. 아일랜드의 전통 언어인 게일어가 지금은 잘 쓰이지 않는 것도 이러한 식민지 정책의 영향을 받았던 것입니다. 이렇게 문화가 핍박받는 동안, 식민지 국가들은 자신들의 역사와 전통을 지키기 위해 노력해왔습니다. 신화와 전설, 민담으로 민족정신과 자신들의 이야기를 지키려 했던 아일랜드 사람들이 그랬던 것처럼 우리도 우리의 신화와 이야기, 전통의 명맥을 이어가며 민족의 얼을 지키려 했죠.

그렇게 해서 지금까지 지켜온 우리 것은 이제 자랑스러운 우리 문화로 세계로 뻗어나가고 있습니다. 지구촌 시대에 우리는 다양한 문화를 이해하고 받아들여야 하지만, 동시에 나를 알고 내 것을 지켜야 중심을 잡을 수 있습니다. 내 뿌리는 어디에서 왔는지 기억하는 것은 나를 제대로 알고 바로 세우기 위한 걸음의 일부입니다. 우리 것을 지키고 이어가는 것은 결국 우리의 몫입니다. 벤이 엄마가 불러준 노래로 신화와 요정들을 기억했던 것처럼 말이에요.

생각 펼치기

1 〈바다의 노래〉의 모티브가 된 켈트 신화의 셀키 요정 이야기를 보면서, 내가 아는 이야기와 비슷하다는 생각이 들지 않았나요? 셀키 전설은 우리나라 전래동화 '선녀와 나무꾼'이나 안데르센의 '백조 왕자' 이야기와 유사한 부분이 있습니다.

1) 어떤 부분이 비슷하고 어떤 부분이 다른지 생각해보세요.

	공통점	차이점
셀키 요정 이야기		
선녀와 나무꾼		
백조왕자		

2) 셀키 요정 이야기와 비슷한 다른 이야기를 알고 있다면, 둘 사이의 공통점과 차이점이 무엇인지도 함께 생각해보세요.

제목	공통점	차이점

2 〈바다의 노래〉와 아일랜드 역사를 통해 살펴봤을 때, 아일랜드와 우리나라 문화의 공통점과 차이점이 있다면 어떤 것일까요? 한 국가의 국민들이 공유하는 정서, 의식, 생활양식 등, 아일랜드와 우리나라의 문화적 공통점과 차이점이 있다면 무엇인지 생각해보세요.

문화적 공통점	문화적 차이점
예) 식민 지배를 받은 적이 있다.	예) 다른 언어를 사용한다.

✓ 생각 날기

1 전통문화부터 대중문화까지, 우리나라 문화 중 좋아하는 것 한 가지를 골라 이를 활용한 체험 프로그램을 홍보하는 포스터를 구성해보세요.

들어갈 내용	프로그램 제목, 기간(날짜 및 시간), 주제, 내용 등

태일이

홍준표 | 2021 | 전체 관람가

인간은 생존을 이어가기 위해서 다양한 재화를 필요로 합니다. 그리고 이를 얻기 위해 기울이는 다양한 노력을 노동이라고 합니다. 인류 초기에는 필요한 재화를 스스로 생산하면서 자급자족을 했지만, 물물 교환을 하고 산업혁명이 일어나면서 노동 방식에 변화가 일어났습니다. 현대인은 생활에 필요한 재화를 직접 생산하기도 하지만, 대부분은 회사에 노동력을 제공한 대가로 받은 돈과 교환하는 방식으로 재화를 얻습니다. 노동을 통해 재화를 얻기도 하지만 노동 행위 자체에서 오는 보람과 기쁨을 느낄 수도 있습니다. 우리는 노동을 통해 자아실현 욕구를 채우고 내 삶의 가치를 증명해 보입니다.

우리 사회에는 노동자의 권리를 보장하는 제도가 갖추어져 있으며, 그 제도의 보호 아래 노동자가 인간다운 삶을 누릴 수 있게 되었습니다. 이것을 노동권이라고 합니다. 하지만 노동권은 처음부터 보장된 것이 아니었어요. 〈태일이〉는 전태일 열사와 평화시장 노동자가 노동자의 권리를 찾기 위해 고군분투하는 상황을 보여줍니다. 이를 통해 노동자의 권리가 어떤 과정을 통해 만들어진 것인지 확인하고 노동권의 소중함을 생각해볼 수 있습니다. 그리고 앞으로 더 나은 노동 환경을 만들기 위해 어떤 노력이 필요한지에 관해서도 고민해볼 수 있습니다.

관련된 교과

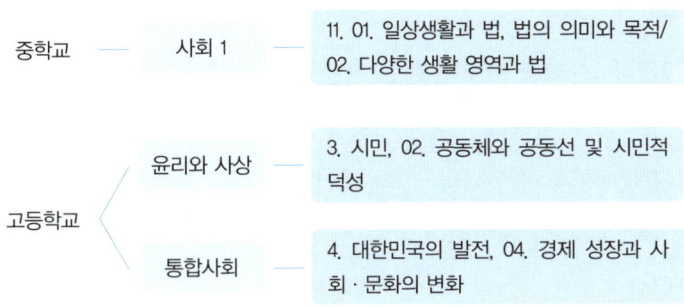

교과서 속 인문학 콘셉트

　노동자의 권리는 인간의 기본권으로 법으로 보장되어 있습니다. 교과서는 우리가 가진 권리를 지킬 수 있도록 기본권에 대해 알려줍니다. 노동자는 서로 연대하여 노동단체를 만들었고, 이 단체는 노동자가 인간답게 살아갈 권리를 지키기 위해 노력합니다. 하지만 이런 노동단체를 반기지 않았던 시대가 있었습니다. 역사적으로 유럽의 산업혁명 시대와 한국의 1960년대입니다. 두 시기는 국가가 노동자의 권리를 보장하지 않으려고 했다는 공통점을 가지고 있습니다. 현대사회에도 기업과 노동단체의 갈등은 여전히 이어지고 있습니다. 노동자라는 개인의 권리는 항상 국가 또는 기업과 대립합니다. 우리는 노동자의 권리가 무엇인지, 권리가 보장되기 위해서 무엇을 해야 하는지를 교과서의 개념을 통해 생각해볼 수 있습니다.

먼저 알아둬야 할 개념들

법

인간은 사회를 이루어 다른 사람들과 더불어 살아갑니다. 그런데 생각과 이해관계가 다른 사람들이 모여 살다 보면 갈등과 분쟁이 발생하기 마련입니다. 이를 해결하고 사회 질서를 유지하기 위한 규칙을 사회 규범이라고 하며, 관습, 도덕, 법 등이 이에 해당합니다.

관습은 장례 의식과 같이 한 사회에서 오랫동안 반복되어온 행동 양식이 사회적 기준이 된 것을 말하며, 도덕은 '어려운 이웃을 도와야 한다'는 말처럼 인간이라면 마땅히 지켜야 할 도리를 뜻합니다.

법은 사회 구성원이 합의를 통해 지키기로 한 사회적 약속으로, 국가에서 정한 규범이에요. 법은 관습이나 도덕과 달리 강제력이 따른다는 특성이 있습니다. 법은 국민이 가지는 권리의 내용과 권리가 침해되었을 때 구제받을 방법을 알려 주고, 분쟁과 갈등을 해결하여 개인의 권리를 보호해 주는 역할을 해요. 따라서 사회 구성원 모두가 법을 잘 지킬 때 개인의 권리가 침해되는 것을 막고 사회 질서를 유지할 수 있습니다.

사회법

근대 서구 사회에서는 개인의 경제적 자유를 최대한 보장하기 위해 국가의 간섭을 최소한으로 제한했습니다. 그런데 산업화가 진행되고 자본주의가 발달하는 과정에서 자본가들은 막대한 이윤을 얻었지만, 노동자들은 낮은 임금과 열악한 작업 환경, 긴 노동 시간에 시달렸습니다. 그 결과 빈부 격차가 커지고 노동자와 사용자 간의 대립이 심해졌습니다. 이러한 문제를 해결하기 위해 국가가 사법의 영역인 개인 간의 관계에 개입하여 사회적 약자를 보호하게 되면서 새롭게 등장한 법이 사회법입니다. 사회법은 근로자, 장애인, 저소득층 등 사회적·경제적 약자를 보호하고, 모든 국민의 최소한의 인간다운 생활을 보장하는 것을 내용으로 합니다.

사회법은 크게 노동법 경제법, 사회 보장법 등으로 구분할 수 있습니다. 노동법은 근로자가 인간다운 생활을 할 수 있도록 노동관계를 규율하여 경제적 약자인 근로자를 보호하는 법으로, 근로기준법, 최저임금법 등이 있습니다.

공동선
공동선은 개인을 포함한 공동체를 위한 선, 즉 공동체 전체에 이익이 되는 공익성으로 '공공선'이라고도 합니다. 공화주의에서는 개인선뿐만 아니라 정치 공동체에 참여함으로써 실현되는 공동선도 중시합니다. 그러나 공동선을 지나치게 강조할 때 개인이 사적으로 누려야 할 자유와 권리를 보장받지 못하는 문제가 생길 수 있습니다.

시민불복종

　시민불복종이란 정의롭지 못한 법이나 정책을 변혁시켜 공공의 이익을 지키려는 목적에서 양심적으로 행하는 비폭력적 위법 행위를 가리킵니다.

학습목표

1　1960년대 경제 성장의 빛과 그림자를 살펴본다.

2　노동권에 대해 생각해본 후, 노동권을 찾는 방법에 대해 생각할 수 있다.

3　청소년 노동자 권리가 적용된 청소년 근로 계약서를 작성할 수 있다.

우리는 기계가 아닙니다!

한국전쟁으로 폐허가 된 우리나라는 1960~1970년대 수출이 급속도로 증가하면서 고도성장의 초석을 다집니다. 1960년대에 1억 달러에 불과했던 수출 실적이 10년 만에 10배인 10억 달러에 이르고, 1977년에는 100억 달러 수출 목표를 달성하게 됩니다. 우리는 이러한 초고속 경제 성장을 '한강의 기적'이라고 말하면서 자긍심을 갖습니다. 그리고 대한민국에는 세계에서 가장 노동을 많이 하는 나라, 세계에서 가장 바쁘게 사는 사람들, 세계에서 가장 빠른 나라, 냄비 근성, 빨리빨리 문화 등의 딱지가 붙여졌습니다.

기적은 상식적으로 일어날 수 없는 기이한 일이라는 뜻입니다. 보통 인간의 힘으로 일어나기 어려운 일이 일어날 때, 즉 인간의 한계를 뛰어넘어 초월적인 힘을 발휘할 때 기적이 일어났다고 말합니다. 그런 의미에서 한강의 기적은 상식적으로 생각할 수 없을 만큼, 기이할 정도로 경제가 급성장했다는 것을 의미합니다. 이런 초월적인 힘은 어디에서 나온 것일까요? 이는 신과 같은 존재, 또는 우연히 만들어진 것이 아니라 노동자의 피와 살을 깎아 만들어진 것입니다.

1960년대 제1, 2차 경제 개발 계획 시기에는 우리나라에 자본과 기술이 부족해서 외국 자본을 끌어들여 수출 산업을 육성하였습니다. 기술력이 없는 나라는 싼 물건을 팔아서 돈을 벌 수밖에 없었어요. 생산비는 원료와 임금에 의해 결정되는데 원료인 원자재 값은 어느 나라든지 비슷합니다. 그래서 원가를 낮추려면 생산비를 낮춰야 하는데요, 생산비를 낮추기 위해서는 저임금을 활용하는 방법밖에 없습니다. 그래서 저임금을 이용한 노동 집약적 산업이 우리나라를 일으키는 데 이바지한 것으로 생각할 수 있습니다. 대표적인 노동 집약적 산업이 신발, 의류, 가발 등의 제조업입니다.

1970년 스물두 살의 어린 나이에 투신으로 삶을 마친 전태일은 그 시대의 노동자가 인간다운 삶을 보장받지 못하고 있다는 걸 세상에 알린 인물입니다. 애니메이션 〈태일이〉는 평화시장의 자본가들이 자신의 이익을 얻기 위해 노동자를 착취하는 실상을 세상에 알리고 노동자의 권리를 찾는 데 앞장선 전태일의 삶을 보여줍니다. 우리는 작품을 살펴보면서 노동자가 법으로 보장된 권리를 찾는 과정이 얼마나 험난했는지 알 수 있습니다. 그리고 앞으로 우리에게 주어진 권리를 누리기 위해 무엇을 해야 하는가에 대해서도 생각해볼 수 있습니다.

소리 없는 노동자, 얼굴 없는 노동자

전 재산을 잃은 태일이 가족은 뿔뿔이 흩어지게 됩니다. 태일이 어머니는 살아갈 길을 찾기 위해 서울로 떠나고 아버지는 매일 술로 날을 보냅니다. 동생들이 부모의 보호를 받지 못하게 되자 태일이는 학업을 포기하고 서울로 상경합니다. 태일이는 아직 어리기 때문에 일자리를 구하기가 쉽지 않습니다. 서울에서 기댈 곳 하나 없는 태일이는 돈이 없어 끼니를 거르길 반복하고 항상 주린 배를 안고 시장을 배회합니다. 허기를 이기지 못하고 식당 앞을 서성이던 중 우연히 식당에서 일하는 어머니를 만나게 되고, 둘은 주인집 마루 아래 흙바닥에서 함께 지냅니다. 1960년대 산업화 과정에서 서울로 이주한 대부분의 농촌 사람은 태일이네처럼 도시 빈민으로 전락하게 됩니다.

태일이 어머니와 태일이가 열심히 일한 덕분에 마침내 태일이네는 온 가족이 모여 서울에 터를 잡을 수 있게 되어요. 그런데 태일이는 갑자기 미싱사를 그만두고 재단 보조사로 전향할 계획을 세우는데요, 그 이유는 당장은 재단 보조사 월급이 미싱사 월급보다 적지만 재단 보조사로 일하다가 재단사가 되면 미싱사보다 월급도 많이 받을 수 있고 공장도 차릴 수 있기 때문입니다. 그래서 태일이는 미싱사로 일하는 게 지금은 더 편할지라도 미래를 생각하면 재단 보조사로 일하는 것이 더 이익이라고 생각합니다. 재단 보조사로의 전향은 미래를 위한 투자라고 볼 수 있죠.

태일이가 취업한 평화시장의 의류 공장에는 미싱사와 미싱사를 보조하는 어린 여자아이들이 일하고 있습니다. 공장 창문이 나무판자로 막혀 있어 환기가 되지 않기 때문에 공장 내부에는 먼지가 가득합니다. 재단사는 임금이 낮아 제대로 된 식사도 챙기지 못하는 미싱 보조 아이들을 향해 물량을 맞춰야 한다고 으름장을 놓으면서 박카스와 잠을 못 자게 하는 알약을 먹여가며 과도한 노동을 시킵니다.

이후 재단사가 돈을 빼돌려 도망을 가버린 탓에 태일이는 갑자기 재단사가 되었어요. 사장은 이전 재단사가 돈을 빼돌려 손해가 크다면서 얼마 되지 않는 직원들의 급여를 깎습니다. 그리고 열악한 환경에서 폐병을 얻은 미싱사 영미는 결국 해고당합니다. 건강을 해칠 수밖에 없는 환경에서 아이들에게 과도한 노동을 시키는 사장의 행동은 부당하지만 미싱사와 미싱 보조 아이들은 불만을 내색하지 못하고 일합니다. 불만을 말하면 해고를 당할지도 모르고, 그러면 아이들이 받은 월급으로 살아가는 가족들의 생활이 힘들어지기 때문이죠.

이렇게 열악한 노동 환경은 인간보다 돈이 더 중요한 가치가 되었기 때문에 만들어진 것입니다. 노동자를 위해 목소리를 낸 태일이는 결국 재단 보조사 자리에서 쫓겨나 막노동을 하게 되는데 공사 현장에서 존재가 사라져가는 인간을 보게 됩니다.

나와 마주 보고 삽질을 하던 아저씨는 키가 크고 배가 불룩한 사람이었어. 기름때에 절어 있는 모자를 쓰고 있었는데 워낙 눈에 띄어서 그런지 어느 순간 아저씨는 안 보이고 모자만 보이는 거야. 마치 모자가 일을하고 있는 것 같았어. 서로가 서로에게 이름조차 묻지 않고 관심도 없이 하루 일하고 헤어지는 이 바닥에서 사람들은 자기 모자만도 못한 존재가 되어버리는 거야. 나는 어떻게 보일까? 내 낡은 운동화로, 아니면 찢어진 바지를 입은 말라깽이 청년으로 기억될까? (53 : 22초~54 : 15초)

태일이는 일하면서 "사람이 아닌 사람이 쓴 모자만 보인다"고 말합니다. 함께 노동하는 사람의 표정, 말, 친근한 대화나 생각을 보는 게 아니라 모자가 이 사람을 대표하는 속성이 된 것입니다. 이는 인간 본질이 아닌 사물이 인간을 대신하는 상태, 모자가 일간의 얼굴을 대신하는, 즉 인간이 가진 고유한 가치가 가려져 버린 상태를 의미합니다. 노동자가 가진 최소한의 기본권을 지키지 않는다는 것은 사람들이 가진 가치를 인정하지 않는다는 것을 의미합니다. 그래서 이들은 기계처럼 비위를 맞추지 않아도 되는 사람이 되고, 극한 상황에도 소리를 내지 못하는, 얼굴 없는 노동자가 됩니다.

우리를 위한 근로기준법

도시 인구가 증가하면 일자리는 그대로인데 일하려는 사람만 늘어납니다. 이를 노동력이 풍부해졌다고 말합니다. 노동력이 풍부하다는 건 일자리가 부족하다는 뜻입니다. 일할 사람은 많고 일자리가 없으니 시장 원리에 따라 저임금이 형성되었습니다. 어른들이 번 돈으로 온가족이 먹고살기가 힘들었기 때문에 어린아이들도 힘을 보태야 했습니다. 이러한 현상은 유럽의 산업혁명에서도 볼 수 있습니다. 자본가들은 부를 축적하기 위해 돈을 조금만 주어도 되는 아이들과 여성을 고용했고, 노동자들은 평균 15시간 이상의 노동에 시달려야 했습니다. 그래서 영국 리버풀 노동자 평균 수명은 열다섯 살밖에 안 될 정도로 낮았다고 하는데요, 18세기 후반에 일어난 유럽의 노동자 문제가 20세기 한국에서 똑같이 재현되었습니다.

태일이는 평화시장의 열악한 노동 환경이 노동자에게 부당하므로 바꾸어야 한다고 생각했어요. 사장은 돈을 더 많이 벌려고 노동자를 병들게 하는 환경을 제공했고, 그 환경으로 인해 폐병에 걸린 노동자를 모른척했어요. 태일이는 높은 수익을 올리는 공장이 아닌 노동자가 편하고 즐겁게 일할 수 있는 공장으로 바꾸고 싶었습니다. 태일이가 원하는 것은 노동자가 풍족한 삶을 누리는 것이 아니라 기본적인 삶을 유지하기 위한 최소한의 요구였습니다.

태일이 아버지는 네가 먼저 잘 사는 것이 중요하지 다른 사람의 권리를 찾느라 위험한 일에 앞장서는 것은 손해라고 생각합니다. 법이 있어도 지켜지지 않는데 힘없는 노동자들이 모여서 무엇을 바꿀 수 있겠냐면서요. 노동자의 권리를 찾겠다는 것은 사장이 싫어하는 일이고, 그렇게 되면 사장 눈 밖에 나서 앞으로 일을 하게 될 수 없을지도 모릅니다. 이는 생계가 달린 중요한 문제입니다. 아무리 이로운 일이라도 자신에게 직접적인 불이익이 온다고 생각하면 선뜻 나서기가 쉽지 않겠지요.

하지만 태일이는 노동자의 삶을 바꾸는 일을 포기할 수 없었어요. 그래서 아버지가 말씀하신 근로기준법을 들고 공부를 시작하고 그 내용을 주변 동료들에게 알립니다. 사장들에게 들키면 쫓겨나게 된다는 것 때문에 두려웠지만, 자신들이 누려야 할 기본적인 권리가 법에 보장되어 있으니까 이길 수 있다는 희망을 갖게 됩니다.

전 국민 한마음 VS 노동자 한마음

노동자들이 연대하여 목소리를 내자 평화시장의 열악한 근무 환경이 신문에 실려 사람들에게 알려집니다. 사람들이 평화시장 노동자 문제에 관심을 보이자 평화시장 대표는 전태일과 노동자들이 만든 삼동회와 협상을 추진합니다. 삼동회는 10시간 근무, 일요일 휴무, 부득이한 사정으로 일을 할 때는 초과 수당 지급, 건강 검진, 미싱 보조사 월급 두 배 인상, 환풍기 설치, 조명 시설 개선, 다락방 구조를 없애달라는 요구를 제시합니다.

평화시장 대표는 일을 공짜로 배우는 주제에 무엇을 해달라고 하냐면서 이렇게 무리한 요구를 하면 평화시장이 어려워질 것이라고 주장합니다. 하지만 삼동회는 평화시장 사정을 누구보다 알고 있는 노동자들의 모임입니다. 그들은 이는 무리한 요구가 아니며, 삼동회의 요구 사항을 들어주는 것이 법을 지키는 것이기 때문에 자신들의 요구 사항을 지키지 않는다면 삼동회 이름으로 고발하겠다고 말합니다. 삼동회가 강하게 나오자, 평화시장 대표는 다 들어줄 순 없고 환풍기 설치와 조명등 교체는 힘써보겠다고 약속합니다. 하지만 평화시장 측은 이조차 지키지 않고 시간을 끌면서 평화시장 노동자를 분열시킵니다.

삼동회는 사장들이 협상할 의지가 없다는 걸 알고 시위를 통해 평화시장 노동자의 참상을 알리려고 합니다. 그런데 평화시장 대표단뿐만 아니라 국가도 이들의 시위를 막습니다. 태일이는 서울시청에 근무 실태조사와 진정서를 제출하는데요, 시청에서는 관심을 두지 않습니다. "지금 전 국민이 한마음으로 잘살아 보겠다고 아등바등한 판국에 젊은 사람이 이래서 되겠어?"라는 핀잔만 듣습니다. 평화시장 대표는 자신들의 이익이 걸린 일이니까 삼동회의 활동을 막으려고 하는 것이 당연할지 모릅니다. 하지만 노동자를 보호해야 할 국가는 왜 노동자의 시위를 방해하는 걸까요?

이 시기의 국가는 국민에게 모두가 힘을 모아 극빈국에서 벗어나야 한다는 강력한 최면을 걸어 전체주의적 분위기를 만들었습니다. 그래서 시청에는 '400만 땀 속에 기적은 핀다'라는 현수막을 걸고, 이러한 광고를 통해 국가를 위한 희생이 당연한 국민의 의무라고 생각하게 했죠. 그런데 문제는 국가를 위한 희생을 국민 모두에게 요구하는 것이 아니라 노동자에게만 요구한다는 겁니다. 국가는 빈민을 구제해야 하는 의무를 저버리고 빈민에게 더 가혹한 환경이 만들어지도록 협조했습니다. 그래서 노동자의 기본적인 권리를 보장하라는 요구를 정부는 국가에 대한 반역,

또는 국민에게 위해를 가하는 행위라고 규정합니다. 그래서 공권력을 이용해서 노동자들이 광장에 나오는 것을 막는 거죠.

평화시장 노동자들이 건물 밖으로 나오지 못하게 되자 태일이는 "우리는 기계가 아니다!"라고 외치며 한 손에 근로기준법 책을 든 채 광장에서 분신자살합니다. 태일이는 노동자의 기본권이 보장되고 투자자들이 이익을 나누어 가질 수 있도록 공정한 분배가 이루어지는 회사를 세우는 꿈을 꾸었습니다. 전태일이 꿈꾸었던 회사는 노동자와 자본가가 대립하는 회사가 아니라 노동자와 자본가가 서로 힘을 모아 공정하게 이익을 분배하는 정의로운 회사입니다.

언젠가부터 주 5일 근무로 바뀌었고 최근에는 주 4일 근무로 전환하는 나라도 있습니다. 1주일 52시간 근무가 법으로 만들어졌고 최저시급제를 정해 노동자의 권리를 보장해주었습니다. 그리고 노동자들을 위해 노조가 합법적으로 만들어졌고 정년퇴직이라는 개념도 생겨나면서 우리 사회는 노동자가 권리를 보장받는 것처럼 보였습니다.

하지만 언젠가부터 비정규직 고용이 늘고, 다시 근무 시간을 늘려야 한다는 주장을 펼치는 사람들의 목소리가 높아지고 있습니다. 언론은 노동자 조합의 문제점을 내세우면서 이들이 세상과 갈등하도록 부추기기도 합니다. 하지만 국민은, 시민은 곧 노동자라는 걸 알아야 합니다.

노동은 사람이 추구해야 할 기본 권리이자 의무입니다. 노동은 우리에게 안정된 삶을 만드는 수단이고 자아실현의 욕구를 충족

시킵니다. 이러한 가치를 살리고 노동으로 인해 인간의 삶이 파괴되지 않도록 보호해주는 것이 근로기준법입니다. 이는 절로 주어진 것이 아니라 노동운동가 전태일, 그리고 함께 저항했던 수많은 노동자의 희생으로 어렵게 만들어진 것입니다. 이들의 노력 덕분에 우리가 보다 나은 삶을 영위할 수 있게 되었습니다. 노동자로 사는, 앞으로 노동자가 될 사람들은 이들에게 빚을 지고 있다고 볼 수 있습니다. 그렇다면 우리는 태일이가 원하는 꿈을 이룰 수 있도록, 우리는 우리와 미래의 노동자인 우리 후손이 보호받을 수 있도록 함께 노력해야 합니다.

생각 펼치기(토론 논술 활동)

1 여러분은 어떤 회사에 취업하고 싶으신가요? 내가 취업하고 싶은 회사가 갖추어야 할 가장 중요한 조건 한 가지를 말해보세요.

회사 이름 : (구체적인 회사 이름을 말하거나 그 회사의 장점이 드러나게 말해도 좋습니다.) 예) LG, 구글, 애플 등등

회사의 특징 : 출퇴근이 자유로운 회사, 적게 받고 적게 일하는 회사, 평생 일할 수 있는 회사, 자기 계발을 할 수 있는 회사, 서로를 존중하는 회사 등등

2 삼동회는 하루 10시간 근무와 일요일 휴무 등을 보장해달라고 요구합니다. 현재 우리나라는 하루 8시간 근무, 주 5일 근무, 주 52시간제를 원칙으로 합니다. 하지만 현재 정부는 주 64시간 근무를 주장하고, 취업자는 주 36.7시간 근무를 희망합니다. 여러분이 원하는 근로 시간과 그 이유를 구체적으로 발표해보세요.

삼동회 요구 사항	10시간 근무, 일요일 휴무 등
2023년	8시간 근무, 주 5일 근무, 주 52시간 근무
미래	주 64시간 VS 주 52시간 VS 주 36.7시간

3 태일이와 삼동회는 노동자의 권리를 찾기 위해 사장단에 맞서 싸우지만, 국가는 온국민이 힘 모아 일해야 하는 시기라서 삼동회의 권리 주장은 부당하다고 생각합니다. 여러분은 국가의 이익을 위해 개인의 희생을 요구하는 것에 대해 어떻게 생각하십니까?

- 국가의 성장을 위해 희생은 필요하다.
- 국가의 성장을 위해 소수의 희생을 요구하는 것은 부당하다.

생각 날기

1 '서울특별시 어린이·청소년 인권 조례'를 참고하여, 청소년 노동자 계약서를 작성해보세요.

제2장 어린이·청소년이 누려야 할 인권

제9조(건강)
① 어린이·청소년은 자연환경과 어울릴 기회를 가지고 충분한 햇볕과 쾌적한 공기, 적절한 녹지가 확보된 공간에서 필요한 영양을 공급 받으며 거주·활동할 권리가 있다.
② 어린이·청소년은 최적의 건강상태를 유지하고 아플 때 적정한 치료를 받는 등 보건·의료시설을 편리하게 이용할 수 있는 권리가 있다.
③ 어린이·청소년은 정기적으로 진료를 받으며, 회복이 필요한 경우 적절한 기회와 공간을 제공받을 권리가 있다.
④ 여성 어린이·청소년은 생리로 인하여 신체적·정신적으로 생활에 어려움을 겪지 않고 배려받을 권리가 있으며, 법령이나 지침에 따른 휴가나 휴식을 보장받을 권리가 있다.
⑤ 어린이·청소년은 마약과 향정신성 물질의 불법적 사용으로부터 보호받고 이러한 물질의 생산과 거래에 이용당하지 않을 권리가 있다.
⑥ 시장은 어린이·청소년 사이에 증가하는 질병을 예방하고 치료하기 위하여 노력하여야 하며, 관계기관과 협력하여 어린이·청소년의 건강을 증진시키기 위한 사업을 실시하여야 한다.

제3절 폭력 및 위험으로부터 자유로울 권리
제10조(폭력으로부터 자유로울 권리)
① 어린이·청소년은 모든 종류의 신체적·정신적 폭력, 성폭력, 학대, 착취, 괴롭힘, 비하 등으로부터 자유로울 권리가 있다. 특히 소수자 어린이·청소년에 대해 앞에서 언급한 일체의 행위는 금지된다.
② 어린이·청소년은 유괴나 매매 또는 거래를 당하지 않을 권리가 있다.
③ 어린이·청소년이 폭력에 의해 피해를 입었을 경우에 신체적·정신적 건강을 회복하기 위한 모든 적절한 조치를 받을 권리가 있다.
④ 시장은 관계기관과 협력하여 어린이·청소년의 폭력피해 실태를 상시적으로 조사하고, 비폭력적이고 평화로운 가정 및 교육환경, 지역사회 분위기를 만들기 위하여 노력하여야 한다.

제11조(안전하게 생활할 권리)
① 어린이·청소년은 평화롭고 안전한 환경에서 생활할 권리가 있다.
② 시장은 어린이·청소년의 안전을 해치는 사고를 예방하기 위하여 관리 체계를 구축하여야 하며, 사고가 발생한 때에는 신속하게 피해자를 구조하기 위하여 관계기관 및 지역 주민과 협력한다.

제7절 노동에 관한 권리
제20조(노동인권)
① 노동하는 청소년은 헌법과 법률이 보장하는 노동에 관한 권리를 갖는다.
② 노동하는 청소년은 정당한 처우와 적절한 임금, 산업재해로부터 보호를 받을 권리가 있다.
③ 사업주는 노동하는 청소년을 인격적으로 대우하여야 하며, 신체적·정신적·언어적 폭력을 행사해서는 안된다.

제8절 자기결정권 및 참여할 권리
제23조(자기결정권) 어린이·청소년은 진로, 취미, 학업 등 자신에게 영향을 미치는 문제에 대해 스스로 결정하거나 의견을 제시하고 존중을 받을 권리가 있다.

연소근로자(18세 미만인 자) 표준근로계약서

_____(이하 "사업주"라 함)과(와) _____(이하 "근로자"라 함)은 다음과 같이 근로계약을 체결한다.

1. 근로개시일 :   년   월   일부터
    ※ 근로계약기간을 정하는 경우에는 "   년   월   일부터   년   월   일까지" 등으로 기재
2. 근 무 장 소 :
3. 업무의 내용 :
4. 소정근로시간 :   시   분부터   시   분까지 (휴게시간 : 시 분 ~ 시 분)
5. 근무일/휴일 : 매주   일(또는 매일단위)근무, 주휴일 매주   요일
6. 임 금
    - 월(일, 시간)급 : _____원
    - 상여금 : 있음 (   ) _____원, 없음 (   )
    - 기타급여(제수당 등) : 있음 (   ), 없음 (   )
        · _____원, _____원
        · _____원, _____원
    - 임금지급일 : 매월(매주 또는 매일) ___ 일(휴일의 경우는 전일 지급)
    - 지급방법 : 근로자에게 직접지급(   ), 근로자 명의 예금통장에 입금(   )
7. 연차유급휴가
    - 연차유급휴가는 근로기준법에서 정하는 바에 따라 부여함
8. 가족관계증명서 및 동의서
    - 가족관계기록사항에 관한 증명서 제출 여부: _____
    - 친권자 또는 후견인의 동의서 구비 여부 : _____
9. 사회보험 적용여부(해당란에 체크)
    ☐ 고용보험 ☐ 산재보험 ☐ 국민연금 ☐ 건강보험
10. 근로계약서 교부
    - 사업주는 근로계약을 체결함과 동시에 본 계약서를 사본하여 근로자의 교부요구와 관계없이 근로자에게 교부함(근로기준법 제17조, 제67조 이행)
11. 근로계약, 취업규칙 등의 성실한 이행의무
    - 사업주와 근로자는 각자가 근로계약, 취업규칙, 단체협약을 지키고 성실하

게 이행하여야 함
12. 기타
  - 13세 이상 15세 미만인 자에 대해서는 고용노동부장관으로부터 취직인허증을 교부받아야 하며, 이 계약에 정함이 없는 사항은 근로기준법령에 의함

년   월   일

(사업주) 사업체명 :   (전화 :   )
주   소 :
대 표 자 :   (서명)

(근로자) 주   소 :
연 락 처 :
성   명 :   (서명)

친권자(후견인) 동의서

○ 친권자(후견인) 인적사항
　성　　명 :
　생년월일 :
　주　　소 :
　연 락 처 :
　연소근로자와의 관계 :

○ 연소근로자 인적사항
　성　　명 :　　　　　　　(만　　세)
　생년월일 :
　주　　소 :
　연 락 처 :

○ 사업장 개요
　회 사 명 :
　회사주소 :
　대 표 자 :
　회사전화 :

　본인은 위 연소근로자 _____가 위 사업장에서 근로를 하는 것에 대하여 동의합니다.

　　　　　　　　　　년　월　일

　　　　　　　　　　친권자(후견인)　　　　　　(인)

첨　부 : 가족관계증명서 1부

마무리 : 주제 논술
정의와 법률이 충돌한다면?

홍길동은 가난한 백성을 돕는다는 뜻을 가진 도적 떼 '활빈당'을 이끈 두목입니다. 활빈당은 백성을 괴롭히는 탐관오리의 재물을 탈취해 가난한 백성들에게 나누어주는 일을 했고 선량한 사람을 괴롭히는 일은 하지 않았습니다. 다음 제시문을 살펴본 후 홍길동의 행동을 어떻게 바라봐야 하는지 논술해보세요.

> 가) 법은 사회 구성원이 가진 권리를 보호하고 안전을 지킴으로써 사회 질서를 유지하는 기능을 가집니다. 그리고 사회 구성원이나 집단 간 갈등을 해결하고 예방하는 역할을 합니다. 법은 공공복리를 추구하고 정의 실현을 추구합니다. 모든 사람이 법을 잘 지키는 사회를 안전한 사회 정의로운 사회라고 말합니다. 준법정신을 키우는 건 나와 우리 가족 나아가 국가를 지키기 위한 사회 구성원이 가져야 할 삶의 태도입니다.
>
> 나) 시민불복종은 정당하지 않은 법률이나 정부의 명령을 거부하는 시민 참여의 한 방법입니다. 시민불복종의 예로 2016년 우리나라 촛불집회가 있습니다. 이러한 시민불복종을 통해 사회의 제도나 모순을 고칠 수 있습니다.

04

세계시민으로서 어떻게 살아야 하는가?

전 세계가 연결되고 확장되면서, 전 세계 사람들은 같은 지구를 공유한 공동체를 이루었습니다. 인종과 국경에 관계없이 이제 지구촌의 문제는 우리 모두가 책임져야 할 공동의 문제가 되었습니다.

하지만 우리는 나와 다른 특성을 가진 사람들을 쉽게 차별하고 소외시키곤 합니다. 다른 종의 동물들을 인간보다 열등하게 생각하며 그들의 생명을 존중하지 않기도 하고요. 물질적 가치만을 중시하고 그것만을 좇게 되면, 인간성을 상실하고 사회적 약자를 소외시키거나 환경의 도구적 가치만을 중시하는 물질주의적 소비생활로 생태계를 파괴하는 결과를 낳게 됩니다.

물질만능주의의 폐해는 언젠가 나에게 돌아옵니다. 언젠가 불의의 사고나 노화로 사회적 약자가 될 수 있음을, 기후 변화의 영향이 당장 눈앞에 닥친 문제임을 알고 경각심을 가져야 합니다. 서로 연결된 지구촌 공동체의 구성원으로서 우리 모두는 지구공동체의 문제 해결을 위해 적극적으로 노력해야 합니다.

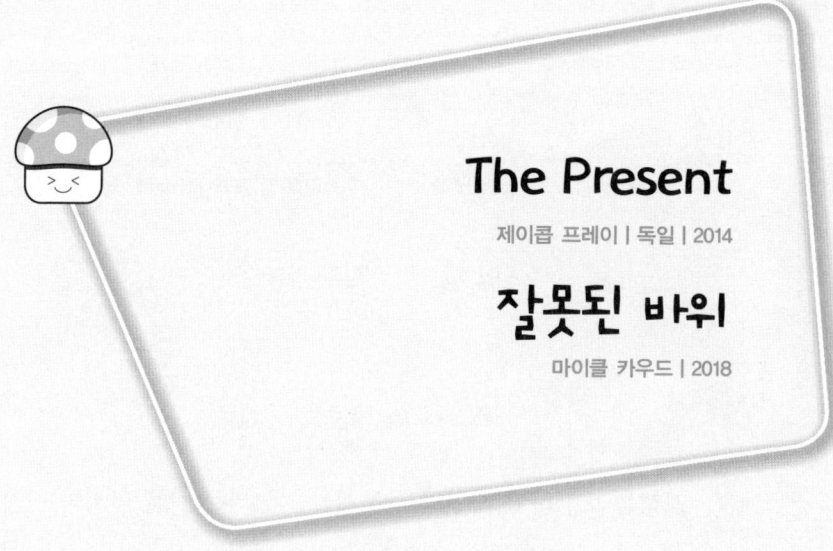

The Present
제이콥 프레이 | 독일 | 2014

잘못된 바위
마이클 카우드 | 2018

인간은 태어나면서 2명 이상의 구성원으로 이루어진 다양한 집단에 소속됩니다. 서로 다른 사람들이 모여 있는 사회 집단에는 끊임없이 갈등이 발생하고, 사회는 집단을 유지하기 위해 갈등을 해결하려고 노력합니다. 과거에는 공동체를 중시하는 사회 문화가 형성되어 있었고 서로를 이해하고 배려하는 노력을 통해 화합을 이룰 수 있었습니다. 현대에 들어서며 공동체보다 개인을 중시하는 사회 문화가 형성되면서 인간을 향한 관심이 사라졌습니다. 그 결과 이해와 배려, 인간성을 상실한 사회가 되었습니다.

현대사회의 문제인 타인을 이해하고 배려하는 인간성을 회복하기 위해서는 서로가 가진 다름을 존중하고 이해해주는 마음이 필요합니다. 〈The Present〉, 〈잘못된 바위(The Wrong Rock)〉에 등장하는 서로 다른 사람들을 보면서 우리가 속한 공동체를 유지하기 위해 무엇을 해야 하는지에 대해 고민해 볼 수 있습니다.

관련된 교과

중학교 — 사회 1 — 7.3. 사회 집단과 차별 문제

고등학교 — 윤리와 사상 — 4. 사회사상

교과서 속 인문학 콘셉트

경쟁을 보장하고 개인의 사유재산을 늘리는 것을 인정하는 자본주의가 들어서며 현대사회는 급격한 발달을 이루었습니다. 사유재산 보장은 개인화를 낳고, 그 결과 자본주의가 인간 소외 문제를 낳았다는 의견도 있습니다. 인간 소외란 인간이 만들어낸 물질에 의해 인간이 지배당하거나 물질적 가치만을 좇으면서 인간성을 상실하는 현상을 말합니다. 이러한 사회에서는 노인, 장애인, 외국인 노동자 등 사회적 약자를 차별합니다. 이렇게 인간성을 상실한 공동체에서는 구성원 모두가 인간다운 삶을 유지하기 어렵습니다.

공동체 안에서 구성원들이 인간다운 삶을 누리기 위해서는 인간 소외 문제를 해결해야 합니다. 중학교 도덕 교과서는 인간다운 삶이 보장되는 공동체를 알려줍니다. 우리는 이러한 교과 개념을 통해 타인에 대한 공감과 이해, 올바른 배려가 무엇인지 생각할 수 있습니다. 나아가 인간성을 회복한 정의로운 사회를 만들기 위한 실천 방법을 모색할 수 있습니다.

먼저 알아둬야 할 개념들

사회 집단

둘 이상의 사람이 모여 소속감을 가지고 지속적으로 상호 작용을 하는 집단을 사회 집단이라고 합니다. 사회 집단은 구성원의 소속감에 따라 내집단과 외집단으로 구분됩니다. 내집단은 자신이 그 집단에 속해 있으면서 소속감와 '우리'라는 공동체 의식을 가진 집단입니다. 반면에 외집단은 자신이 소속되어 있지 않고 이질감이나 적대감을 가지는 집단입니다.

사회 집단은 또 구성원의 결합 의지에 따라 공동 사회와 이익 사회로 구분됩니다. 공동 사회는 가족, 촌락처럼 자신의 의지와 상관없이 속한 집단을 말하며, 이익 사회는 학교, 회사처럼 목적을 위해 선택하여 구성된 집단을 말합니다.

상호 작용

사회 구성원들이 서로에게 영향을 미치는 행동을 주고받는 것을 말합니다.

차별

사회 집단은 각기 다른 외모, 성격, 취향, 종교 등을 가진 다양한 사람으로 구성됩니다. 이렇게 서로를 구분할 수 있는 특성을 차이라고 합니다. 그런데 차이를 근거로 부당하게 대우하는 때가 있습니다. 이를 차별이라고 해요. 차별은 인권을 침해하고 사회 구성원 간에 갈등을 일으켜 사회 통합을 저해합니다.

사회적 약자

피부색, 장애, 직업, 지위, 국적, 나이 등으로 말미암아 다른 사회 구성원보다 열악한 상황에 처해 있거나 고통을 받으며 살아가는 사람들을 '사회적 약자'라고 합니다.

인간 소외

인간 소외란 인간이 만들어낸 물질에 의해 인간이 지배당하거나 물질적 가치만을 좇으면서 인간성을 상실하는 현상을 말합니다. 마르크스는 이러한 현상이 자본주의적 생산 방식에서 비롯된다고 보았습니다. 자본주의는 인간 소외 현상을 심화시킬 수 있다는 관점이 있습니다.

학습목표

1 타인과 단절된 생활을 이어가는 인물을 통해 단절의 원인을 파악한다.

2 인간 소외 문제의 원인을 추론하여 이를 해결하는 방법을 찾을 수 있다.

3 '전국장애인연합회의 지하철 시위를 지지하는가'에 대해 찬반 토론을 한다.

우리는 나란히 이어진 사람들이야!

　전통사회에서는 왕, 귀족, 평민, 천민 등으로 사람을 구분해 계층에 따라 사람을 다르게 대했습니다. 왕과 귀족은 더 우월한 사람이라고 생각했고 천민은 가치가 없다고 생각했어요. 이러한 계층은 나의 노력과 관계없이 태어나면서부터 주어지는 것이기 때문에 신분 사회의 계층 구조는 불합리한 사회구조라고 볼 수 있습니다.

　신분 사회가 붕괴되고 자본주의 사회가 되면서 이제는 신분이 아닌 자본에 의해 계층이 구분되고, 다수이냐 소수이냐에 따라 차별이 발생하기도 합니다. 대표적으로 장애인, 외국인 노동자, 성소수자 등은 사람들의 편견으로 인해 차별 대우를 받습니다. 전통사회와 마찬가지로 자본에 의해 계층이 만들어지고 다수, 소수에 의해 차별이 발생하는 것도 불합리한 사회라고 볼 수 있습니다.

　다수자 소수자의 기준으로 어느 한쪽이 우월하다고 볼 수 없습니다. 만일 우리 사회에 걷기 어려운 사람이 다수가 된다면 지하철의 계단은 줄어들고 에스컬레이터, 엘리베이터가 훨씬 많이 만들어졌을 겁니다. 사회에는 사람들을 구분하는 다양한 기준이 있지만 그 기준이 어느 한쪽 사람들을 더 우월한 존재라고 인증해 주는 건 아닙니다. 하지만 우리는 이 기준에 따라 사람을 평가하려고 하죠. 마치 다수자가 소수자보다 더 우월하다고 생각하는 것처럼 말이죠.

우리는 언제든지 다수자가 될 수 있고, 소수자가 될 수 있습니다. 그래서 우리는 누가 더 불편하고 편한 세상이 아니라 누구나 평등한 세상을 만드는 정의로운 사회를 만들기 위해 노력해야 합니다. 〈The Present〉, 〈잘못된 바위〉를 통해 정의로운 사회를 만들기 위해 우리가 어떤 노력을 해야 하는지를 생각해보세요.

〈The Present〉: 세상은 모두가 함께 즐겨야 하는 놀이터

블라인드가 내려진 어두컴컴한 거실에 총성이 쉴 새 없이 울려 퍼집니다. 그 거실 한가운데에 한 소년이 전쟁 게임에 푹 빠져 있습니다. 현관문이 벌컥 열리자 환한 빛과 함께 큰 상자를 든 소년의 엄마가 들어옵니다. 엄마가 소년에게 상자를 건네주자 소년은 게임을 멈추고 상자를 열어봅니다. 상자에는 귀여운 강아지 한 마리가 있습니다. 소년은 처음엔 강아지를 껴안으면서 기뻐하지만 잠시 후 강아지 모습을 확인한 소년은 화를 내면서 강아지를 멀리 던져버립니다. 그리고 강아지를 뒤로한 채 다시 게임 속으로 빠져듭니다. 소년이 강아지를 외면한 까닭은 한쪽 다리가 없는 장애가 있는 강아지였기 때문입니다. 소년은 강아지에게 관심을 두지 않고 계속 게임만 합니다. 강아지는 소년에게 다가가 꼬리를 흔들며 함께 놀길 바라지만 소년은 요지부동 움직이지 않고 게임만 합니다. 소년은 계속해서 강아지를 쫓아버리고, 강아지는 그런 소년에게 다가가기를 반복합니다. 시간이 지나면서 소년은 점점 강아지의 천진난만한 모습에 눈길이 갑니다. 결국 소년은 강아지와 산책을 하기로 결심하고 일어나 자신의 목발을 챙깁니다. 한쪽 다리가 없는 소년과 한쪽 다리가 없는 강아지가 함께 산책을 나가는 뒷모습을 보여주면서 작품은 막을 내립니다.

소년은 강아지를 만나기 전 어두운 거실에서 혼자 게임을 하고 있습니다. 보통 청소년은 친구들과 함께 게임을 하거나 농구나 축구를 즐깁니다. 우리나라 청소년은 친구들과 학원에 가기도 하죠. 하지만 소년은 장애를 가졌기 때문에 어두운 집 안에서 혼자 게임을 할 수밖에 없습니다. 모든 장애인이 소년처럼 집 안에만 있는 건 아니겠지만 비장애인에 비해 활동이 제한되어 있다는 걸 부정할 순 없습니다. 장애인은 교통, 경제적 빈곤 등으로 어려움을 겪기도 하고, 사람들의 편견으로 인한 차별로 마음에 상처를 입기도 합니다. 이러한 물리적 정신적 고통은 장애 그 자체가 주는 불편함보다 장애인을 더 힘들게 합니다.

소년의 엄마는 세상 밖으로 나오지 않는 소년에게 한쪽 다리가 없는 강아지를 선물합니다. 엄마는 왜 비장애 반려견이 아닌 장애 반려견을 선물한 걸까요? 엄마는 아들이 장애 때문에 집 밖으로 나서지 못하는 것이 안타까웠을 겁니다. 소년을 밖으로 나가게 하기 위해서 장애를 가졌더라도 세상 밖으로 얼마든지 나갈 수 있으며 사람들과 관계를 맺을 수 있다는 걸 알려주고 싶었겠죠. 그래서 장애 반려견을 통해 관계를 맺는 데 있어 장애는 장애가 될 수 없다는 걸 알려주고 싶지 않았을까요?

소년은 선물받은 반려견이 장애를 가졌다는 사실을 확인하고 거실 구석으로 던져버리죠. 소년이 장애를 가진 반려견을 외면한 건 한쪽 다리를 잃은 강아지에게서 자신의 모습이 겹쳐 보이기 때문이라고 생각해볼 수 있습니다. 또한 장애는 불편하고 다른 사람에게 거부당한다는 인식이 소년에게도 있으니까 장애견을 받아들이지 못한 걸지도 모릅니다.

하지만 장애를 가지고 있음에도 불구하고 끊임없이 놀아달라고 요구하는 강아지의 모습을 보면서 소년의 닫힌 마음은 서서히 열립니다. 한쪽 다리를 잃은 강아지는 비장애 강아지와 다를 게 없었습니다. 소년은 장애 강아지도 비장애 강아지처럼 주인을 향해 꼬리를 흔들며 애정을 갈구하고, 노는 걸 좋아하는 사랑스러운 존재라는 걸 깨닫고 장애인과 비장애인이 본질적으로 다르지 않다는 걸 알게 됩니다. 그리고 사람들과 관계를 맺을 때도 장애가 아닌 자신의 존재 자체로 관계를 맺을 수 있다는 걸 깨달았기 때문에 세상으로 나갈 수 있게 됩니다.

장애를 가지고 있으면 활동하는 데 많은 불편함이 있겠지만 장애가 그 사람의 가치를 판단하는 데 영향을 미치지 않습니다. 장애 강아지처럼 생명을 가진 존재는 누구나 소중하기 때문입니다. 우리 사회에서 비장애인은 다수자이고 장애인은 소수자입니다. 다수에 해당하는 우리도 언제든지 장애인이 될 수 있습니다.

다수자, 소수자는 상대적인 개념일 뿐 그 자체가 존재의 높고 낮음을 결정하는 건 아닙니다. 그러므로 소수자인 장애인을 배려한다는 건 다수자인 비장애인의 너그러운 마음으로 베푼다는 의미가 아니라, 동등하게 존엄한 존재를 대한다는 생각으로 출발해야 합니다. 그러면 모든 사회 구성원이 평등하게 인권을 보장받는 정의로운 사회가 될 수 있습니다.

〈잘못된 바위〉: 우리는 결국 같은 바위에 산다

바다 위에 솟아 있는 두 바위에는 버섯이 살고 있습니다. 잘못된 바위에 살고 있는 파란색 버섯들은 하루종일 머리를 좌우로 흔듭니다. 잘못된 바위에서 태어난 아기 버섯 마틴도 어른들을 따라 좌우로 머리를 흔들다가 어른들의 무리에서 빠져나옵니다. 바위 끝에 선 아기 버섯 마틴은 무당벌레를 만나고 맞은편에 있는 다른 바위를 발견합니다. 맞은편 바위에 있는 주황색 버섯들은 파란 버섯처럼 머리를 좌우로 흔드는 것이 아니라 위아래로 뛰고 있습니다. 마틴은 위아래로 뛰는 버섯들의 모습을 보며 자신도 위아래도 뛰고 싶다고 생각합니다. 잘못된 바위의 어른 버섯들은 위아래로 뛰는 마틴을 받아들이지 않고, 그전과 같이 머리를 좌우로 흔듭니다. 그런 어른들의 반응에 풀이 죽은 마틴 옆으로 통나무가 지나갑니다. 마틴은 통나무를 타고 맞은편에 있는 바위를 향해 돌진해 가까스로 바위에 매달리지만, 주황색 버섯이 마틴을 바다에 떨어뜨립니다. 주황색 버섯에게 거부당한 마틴을 파란색 버섯들도 받아들이지 않습니다. 결국 마틴은 양쪽 집단에서 받아들여지지 않고 소외됩니다.

이 이야기는 파란색 버섯 집단과 주황색 버섯 집단이라는 서로 다른 집단이 고유한 생활방식을 유지하면서 다른 집단과 교류하지 않는 이야기라고 생각할 수 있겠습니다. 아기 버섯 마틴은 다른 집단의 생활방식에 관심을 가졌으나 결국 소속된 집단과 다른 집단 모두에게 소외되는데요, 왜 두 집단은 마틴을 받아들이지 않았을까요?

다른 집단의 생활방식을 인정하지 않을 때 집단은 구성원의 소속감에 따라 내집단과 외집단으로 구분합니다. 내집단은 '우리'라는 공동체 의식을 가진 집단이고, 외집단은 자신이 소속되지 않은, 이질감이나 적대감을 가지는 집단을 말합니다. '우리'라는 공동체 의식은 생활방식을 공유하고 이를 지킬 때 형성됩니다. '우리'라는 말은 바꿔 말하면 우리가 가진 생각, 사고방식, 유전자, 역사, 외모 등을 공유하고 있는 존재라는 의미라고도 볼 수 있을 겁니다.

그런데 마틴은 좌우로 머리를 흔드는 집단의 생활방식보다 다른 집단의 생활방식에 더 흥미를 느낍니다. 그래서 파란색 버섯은 마틴을 자신들만이 가진 고유한 생활방식을 거부한 존재라고 생각하는 거죠. 그래서 파란색 버섯의 집단에서는 마틴을 받아들이지 않습니다. 반면에 주황색 버섯은 마틴이 자신의 생활방식에 흥미를 보이더라도 겉으로 보이는 색깔, 즉 유전적 조건 때문에 '우리'로 받아들이지 않습니다.

두 집단에서 거부당한 마틴은 풀이 죽어 있습니다. 마틴은 무당벌레의 위로를 받을 여유가 없을 정도로 마음이 괴롭지만, 자신이 좋아하는 위아래로 뛰기를 포기하지 않습니다. 마틴의 포기하지 않는 모습을 보고 용기를 낸 어른 파란 버섯이 위아래 뛰기에 동참하기도 합니다. 시간이 흘러 마틴과 함께 위아래로 뛰었던 파란색 버섯들은 통나무를 타고 주황색 버섯들이 있는 바위로 떠납니다. 이들은 위험을 무릅쓰고 바위 위로 올라가기 위해 뛰고 또 뜁니다. 하지만 아무리 뛰어도 바위 위로 올라갈 수 없습니다. 그런데 주황 버섯 한 명이 바위에서 뛰어 내려와 파란 버섯이 바위 위로 올라올 수 있도록 돕습니다. 파란색 버섯들을 모두 바위 위로 올려주었지만, 주황 버섯은 자기를 올려줄 버섯이 없었기 때문에 바위 위로 올라오지 못합니다. 폭풍우가 지나가자 떨어져 있던 바위가 하나로 이어졌습니다. 원래 하나의 바위였는데 물 때문에 두 개의 바위로 분리된 것처럼 보였던 거죠. 마틴이 주황색 친구를 사귀게 되자 마틴의 몸에서는 신비한 빛이 흘러나옵니다. 이제 버섯들은 색깔에 관계없이 모두 위아래로 뛰고, 이 색깔들이 함께 어우러져 아름다운 숲이 됩니다.

  서로 다른 집단과 어울리려면 차이를 인정하려는 양쪽 모두의 노력이 필요합니다. 파란색 버섯들만의 노력으로는 두 집단이 서로 화합할 수 없었지만 주황색 버섯의 노력이 더해졌을 때 화합이 이루어졌습니다. 마틴과 파란색 버섯들은 주황색 버섯의 도움 없이는 주황색 버섯의 바위로 올라갈 수 없었으니까요. 차이는 서로를 구분할 수 있는 특성을 말합니다. 이것은 틀린 것이 아니라 다른 특성일 뿐입니다. 서로 다르다는 건 틀린 건 아니지만 차이는 편견을 만들고 서로를 배척하는 결과를 만듭니다. 하지만 차이는 처음부터 생겨난 건 아닙니다. 두 바위는 원래 하나로 이어져 있었으나 시간이 지나면서 수면이 상승해 잠시 떨어진 것처럼 보인 것뿐입니다. 두 집단의 차이는 처음부터 만들어진 것이 아니라 주변 환경의 변화에 의해 짧은 시간 동안 만들어진 것이지만, 우리는 이를 절대적인 기준인 것처럼 생각하고 사람을 구분 짓습니다. 대표적으로 인종을 들 수 있죠. 하지만 최초의 인류인 오스트랄로피테쿠스는 아프리카에 출현했고, 이들이 세계 곳곳으로 이주해 정착했습니다. 결국 두 바위가 원래 하나였던 것처럼 인류는 모두 아프리카 초원의 최초의 인류와 연결되어 있다고 생각할 수 있습니다. 하지만 오늘날 인류는 흑인종, 황인종, 백인종으로 구분하고 피부색에 따라 차별을 하고 있습니다.

〈잘못된 바위〉의 엔딩크레딧에 삽입된 노래에 "세상을 구하기 전에 차이점을 제쳐놓아야 합니다. 모두 같은 바위에 있습니다!"라는 가사가 있습니다. 우리 사회는 서로를 구분하고, 편견과 차별을 끊임없이 만듭니다. 우리는 지구에 사는 하나의 집단이고, 식물과 동물처럼 자연에 속한 하나의 구성원일 뿐이라는 걸 알아야 합니다. 파란 버섯과 주황 버섯이 서로를 인정하고 화합할 때 아름다운 호수가 되었듯이, 우리가 하나라는 생각을 하고 서로 다른 모습을 인정할 때 더욱 아름다운 사회가 만들어질 수 있습니다.

생각 펼치기(토론 논술 활동)

1 〈The Present〉(2014)의 소년은 장애 반려견을 만난 후 문을 열고 세상으로 나갑니다. 소년은 왜 밖으로 나갔을까요?

2 〈잘못된 바위〉(2019)의 마틴이 주황색 버섯이 사는 바위로 건너갈 수 있었던 까닭은 무엇일까요?

3 〈잘못된 바위〉(2019) 엔딩크레딧 노래에 "모두 같은 바위에 있습니다!"라는 가사가 나옵니다. 여러분은 이 가사에 어떤 의미가 담겨 있다고 생각하십니까?

4 우리 사회에서 사회적 약자들이 평등한 삶을 살기 위해서는 개인적인 노력과 사회적 제도적 지원이 필요합니다. 정의로운 사회를 만들기 위해 개인과 사회가 어떤 노력을 해야 하는지 구체적인 아이디어를 제시해보세요.

대상		노인, 세계 난민, 장애인, 다문화 등
개인적 차원의 노력		구체적인 계획
사회적 차원의 노력	최저 생계비 지원	금액: 현재 → 변화
		이유
	차별 금지 법률	구체적인 계획
		현재 → 변화
	문화 혜택	구체적인 계획
		현재 → 변화
	대학 입시, 취업	구체적인 계획
		현재 → 변화

생각 날기

우리나라 전국장애인차별철폐연대(전장연)은 정부가 장애인 이동권을 보장하려는 노력을 하지 않자 지하철 시위를 이어갔습니다. 그런데 시위로 인해 지하철이 지연되자 출근길에 불편함을 느끼는 시민이 전장연 시위에 불쾌감을 표현하기도 했습니다. 반면에 전장연의 시위로 출근길이 불편하지만 장애인의 이동권 보장을 위해 이해한다는 입장도 있습니다. 여러분은 전장연 지하철 시위를 지지하십니까? 자유롭게 토론해보세요.

	지지한다	지지하지 않는다
근거		

돼룩돼룩
김정희, 홍예지, 허승우 | 대한민국 | 2018 | 12세 관람가

사슴꽃
김강민 | 대한민국 | 2015 | 7세 관람가

우리가 먹는 음식이 어디에서 왔는지 생각해본 적 있나요? 우리가 먹는 고기는 고기가 되기 전에 무엇이었을까요? 음식으로 가공되기 전의 고기는 하나의 생명이었지만 우리는 이 사실을 종종 잊어버리곤 합니다. 개고기를 먹는 것은 끔찍한 일이라고 생각하면서 소나 돼지를 잡아먹는 것은 무덤덤하게 생각하기도 하죠. 먹어도 되는 것과 먹으면 안 되는 것을 구분하는 기준은 무엇일까요? 인간이 자의적으로 설정한 기준이 도축되는 동물의 입장에서도 타당할까요? 인간의 목적을 위해 수단으로만 다루어지고 착취되는 동물들의 고통과 희생은 정당한 것이라 할 수 있을까요?

관련된 교과

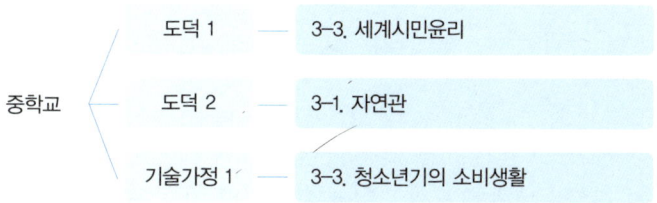

교과서 속 인문학 콘셉트

 빈곤, 기아, 환경문제, 식량과 물 부족 문제 등 지구촌 문제를 자신의 것으로 여기고 이를 해결하기 위해 적극적으로 노력하는 사람을 세계시민이라고 합니다. 세계시민은 공동체 구성원들이 서로 연결되어 있다는 생각을 가지고 있으며, 서로가 겪는 문제를 함께 고민하고 책임지려는 연대의식을 갖고 지구촌의 다양한 갈등을 해결해 나갑니다.

 지구 공동체의 도덕 문제를 해결하기 위해서는 다양한 차원의 노력이 필요합니다. 국가는 법제도 개선과 NGO 단체 지원을 통해 지구 공동체 문제 해결을 지원하며, 국제적 차원에서는 국제기구나 비정부기구를 통한 국제협약 등 전 지구적 문제에 대응해야 합니다. 특히 개인적 차원에서는 환경 생태계를 지속시킬 수 있도록 물질주의적 소비 생활이 아닌 환경친화적 소비 생활로 생활방식을 바꿔 나가야 합니다. 한 사람의 소비자로서 개인은 자신의 소비 행동이 사회에 미치는 영향을 고려해 책임 있는 소비 생활을 영위해 나가야 할 것입니다.

먼저 알아둬야 할 개념들

세계시민이 갖춰야 할 도덕적 가치

지구촌의 문제를 자신의 문제로 여기고 이를 해결하기 위해 적극적으로 노력하는 사람을 세계시민이라 합니다. 세계시민이 갖춰야 할 도덕적 가치로는 인류애, 연대의식, 평화의식이 있습니다. 인류애란 지구촌 이웃을 사랑하는 마음입니다. 연대의식이란 공동체 구성원들이 서로 연결되어 있다는 생각으로 서로가 겪는 문제를 함께 고민하고 책임지려는 마음을 뜻합니다. 평화의식은 평화를 사랑하고 화합과 공존을 소중히 여기는 마음입니다.

세계시민으로서 우리는 인류애와 연대의식, 평화의식을 가지고 양보와 배려를 통해 다양한 분쟁과 갈등을 해결해 나가야 합니다.

물질주의적 소비생활과 환경친화적 소비생활

환경의 도구적 가치만을 중시하고 물질적 만족을 최고의 가치로 여기는 소비 생활을 물질주의적 소비 생활이라 합니다. 이러한 소비는 지구의 한정된 자원을 고갈시키고, 생태계의 자정 능력을 위협한다는 문제가 있으므로, 생태계가 지속될 수 있는 소비 생활이 무엇인지 생각해보아야 합니다.

환경을 보전하려는 가치관에 따라 생태계의 지속 가능성을 고려

하며 소비하는 생활방식을 환경친화적 소비 생활이라 합니다. 환경친화적 소비 생활은 인간과 자연의 조화를 통해 미래 세대의 행복한 삶을 보장하는 긍정적 결과를 가져옵니다.

소비자 권리와 역할

소비자 주권이란, 시장경제를 구성하는 주체로서 경제적 주권을 갖는 것을 의미합니다. 소비 행동을 통해 소비자의 의견이 기업에 전달돼 상품 생산과 판매에 영향을 주었을 때 소비자 주권이 행사되었다고 합니다. 소비자는 시장경제를 올바르게 이끌어가고 건전한 소비 문화를 형성할 수 있도록 주체적으로 행동하고 책임 있게 행동하는 등 다양한 역할을 수행할 수 있습니다. 따라서 소비자는 개인의 소비 행동이 사회에 미치는 영향을 고려하여 책임 있는 소비 생활을 해야 합니다.

학습목표

1 동물의 권리(동물권)에 대해 생각해볼 수 있다.

2 공장식 축산이 동물과 환경에 끼치는 영향을 이해할 수 있다.

3 근거를 들어 논리적으로 주장을 전달하는 토론문을 구성할 수 있다.

동물이 식탁에 오르기까지

식탁에 올라오는 음식들이 어디에서 왔는지 생각해본 적 있나요? 한 끼 식사에는 요리한 사람의 정성과 농작물을 기르고 수확한 사람의 노력이 들어갑니다. 우리 몸에 필요한 영양소를 충분히 갖추기 위해서는 다양한 식재료가 필요하죠. 소고기, 닭고기, 돼지고기 등 우리 식탁에 올라오는 육류는 훌륭한 단백질 공급원입니다.

그런데 우리가 먹는 고기는 고기가 되기 전에 무엇이었을까요? 소나 닭, 돼지였을 거라고 당연하게 생각하지만, 우리는 매일 먹는 밥이 쌀이었던 것을 생각하는 것처럼 우리가 먹는 고기가 이전에 무엇이었는지 잘 생각하지 않습니다. 마트의 신선식품 코너에 잘 포장된 채 놓여 있는 붉고 하얀 생고기를 떠올리는 사람도 많을 거예요. 우리는 '고기'가 어떤 과정을 거쳐 식탁에 오르는지 알고 있지만 깊이 알지는 못합니다. '고기'라는 단어에 도축된 동물들의 고통은 처음부터 없던 것처럼 표백되어 있죠. 덕분에 우리는 아무 죄책감 없이 고기를 소비할 수 있고요. 하지만 우리가 매일 먹는 것이 어디에서 오는지, 그 과정에 어떤 희생이 필요한지에 대해서는 한번 생각해볼 가치가 있습니다. 우리 삶을 영위하는 데 필요한 것들은 무엇을 통해 만들어질까요?

〈돼룩돼룩〉 : 먹을 수 있는 것, 먹으면 안 되는 것

고양이를 잡아먹으면 안 된다, 개 식용을 금지하자…. 이제 이런 말들은 사회적 합의에도 가깝게 다가간 것 같습니다. '복날 개 패듯이'라는 말이 있을 정도로 과거에는 복날에 '때려잡은' 개고기를 먹는 게 자연스러웠던 적도 있지만 동물권에 대한 논의가 계속되며 개고기에 대한 인식은 예전과 많이 달라졌습니다. 이제 개는 더 이상 '고기'가 되어서는 안 되는, 우리의 '가족'과 '친구'가 되었죠. 사회적 합의에 가까워지기까지 오랜 시간이 걸렸지만 이러한 인식의 변화는 개들이 더는 맞아 죽거나 비인도적으로 도살되지 않는 세상에 조금 더 가까이 다가갈 수 있도록 만들었습니다.

그런데 여기서 하나의 아이러니가 발생합니다. 사람들이 개를 먹어서는 안 된다고 생각하는 이유가 '우리의 친구인 개'들의 비인도적 도살을 막기 위해서라면, 우리가 먹는 소와 닭, 돼지는 '우리의 친구'가 아니기 때문에 고기가 되어도 괜찮은 것일까요? 깜찍한 제목과 귀여운 돼지 캐릭터로 무장한 짤막한 애니메이션 〈돼룩돼룩〉은 이 지점을 짚어냅니다. 주인공은 정육점 사장님이 기르는 귀여운 아기 돼지입니다. 소중히 품에 안겨 쓰다듬을 받으며 들어온 아기 돼지는 정육점 안을 돌아다니다 그림 하나와 마주칩니다. 포크와 칼을 들고 활짝 웃는 요리사의 앞에는 부위별로 조각조각 나뉜 돼지 한 마리가 놓여 있죠. 마치 이렇게 칼질을 하면 된다는 것처럼 말이에요.

돼지는 인간에게 잡아먹힐 운명이니 양이 되어야겠다고 생각한 걸까요? 요리사의 피 묻은 칼이 무서워진 아기 돼지는 양털 모자를 쓰고 폴짝폴짝 뛰며 정육점을 활보합니다. 그런데 이번에는 부위별로 구분된 죽은 양 그림을 목격합니다. 양털 모자를 쓰레기통에 처박은 채로 구석에 숨어 덜덜 떠는 돼지의 모습을 끝으로 화면이 어두워집니다.

이야기는 정육점에 방문한 손님과 강아지가 등장하며 이어집니다. 강아지는 정육점 안에서 아기 돼지를 맞닥뜨립니다. 아기 돼지의 냄새를 맡던 강아지는 아기 돼지에게서 고기 냄새를 맡고 눈을 반짝입니다. 애니메이션은 자신을 쫓아다니는 강아지에게 지친 아기 돼지와 'Not for sale', 'It's my pet'이라고 쓰인 입간판을 보여주며 마무리됩니다.

〈돼룩돼룩〉은 귀여운 캐릭터의 앙증맞은 움직임으로 아기 돼지의 하루를 묘사하고 있지만, 깊이 들여다보면 우리가 사랑하는 반려동물과 고기로 소비하는 동물을 구분하는 것에 대한 아이러니를 발견할 수 있습니다. 정육점의 고기로 진열되었을 돼지, 양들과 정육점 주인이 기르는 아기 돼지의 차이는 무엇인가요? 아기 돼지가 어리고 귀엽기 때문에 인간의 사랑을 받는다는 것이 고기가 된 동물들과 아기 돼지를 구분하는 정당한 이유가 될 수 있을까요? 정육점을 방문한 강아지에게 아기 돼지는 고기가 된 다른 동물들과 똑같은 냄새가 나는 대상일 뿐입니다. 우리가 '먹어서는 안 되는 것'이라고 생각하는 개와 돼지의 차이는 무엇인가요? 돼지는 개와 어떤 점이 다르기 때문에 '먹어도 되는 동물'이 되었을까요? 인간의 사랑을 받는다는 점이 먹을 수 있는 것과 먹으면 안 되는 것을 가르는 기준이 될 수 있을까요?

〈사슴꽃〉: 먹어야 하는 것, 먹지 않아도 되는 것

1992년 여름, 자동차를 타고 어디론가 이동하는 한 가족이 있습니다. 뒷좌석에 앉은 아들 두중의 팔에 모기가 앉자, 두중은 자신을 물지 못하도록 모기를 잡아 창 밖에 내놓습니다. 세 사람은 곧이어 사슴농장에 도착합니다. 사슴농장의 사슴들은 모두 뿔이 잘려 있고, 잘린 뿔에서 피가 나고 있습니다. 아빠가 돈을 건네자 사람들은 사슴을 끌어다 네모난 상자에 가두고 넘어트려 움직이지 못하게 한 다음 뿔을 자릅니다. 두중은 잘린 뿔에서 솟아난 피를 마십니다.

몸에 좋은 보약이라는 '녹용'은 사슴의 어린 뿔을 잘라 말린 것입니다. 여러 가지 효능이 있어 한국뿐만 아니라 다른 여러 나라에서도 오랜 기간 약으로 사용해왔어요. 사슴뿔을 자를 때 나는 피는 '녹혈(鹿血)'이라고 하고, 이 역시 몸에 좋아 보양식으로 찾아 먹기도 한다고 하는데요. 〈사슴꽃〉의 두중이 먹은 것도 녹혈이죠.

녹용과 녹혈을 채취하기 위해서는 막 자라기 시작한 사슴의 뿔을 잘라야 합니다. 사슴의 뿔을 자르는 장면을 보고 어떤 생각이 들었나요? 성장 단계에 있는 사슴의 어린 뿔은 피가 흐르고 신경이 지나가기 때문에 잘릴 때 고통이 느껴진다고 합니다. 요즘은 녹용을 채취할 때 사슴이 스트레스를 덜 받도록 마취시키거나 진정시킨 상태로 뿔을 자른다고 해요. 하지만 동물복지의 개념이 없던 20년 전, 사슴농장의 사슴들은 인간에게 녹용과 녹혈을 제공하기 위한 도구에 지나지 않았습니다. 줄에 묶인 사슴을 당겨 넘어트리고, 몸부림치는 사슴의 목을 나무틀로 고정시킨 채 피가 묻은 톱으로 뿔을 자르는 모습은 말 못 하는 사슴의 고통과 공포는 전혀 생각하지 않은 인간의 이기심을 그대로 보여줍니다.

인간은 왜 녹용을 채취하고 녹혈을 섭취할까요? 몸이 아파 약재로 쓰이는 녹용이 반드시 필요한 사람도 있을 수 있겠죠. 하지만 많은 경우, 사람들이 녹용과 녹혈을 먹는 건 두중이 그랬던 것처럼 '튼튼한 어른이 되기 위해서'거나 '허한 기력을 보충하기 위해서'입니다. 굳이 필요하지 않은데도 조금 더 건강한 몸을 위해, 조금 더 오래 살기 위해 사슴의 고통을 생각하지 않고 착취하는 것입니다. 〈사슴꽃〉에서 사슴의 피를 마신 두중은 사슴의 품에 안긴 듯한 따뜻함을 느끼지만, 사슴의 머리에 핀 꽃을 죄책감 없이 꺾기도 합니다. 다른 사슴의 피가 묻은 톱으로 마취도 없이 뿔이 잘리는 사슴에게 "미안해, 금방 끝나."라고 말하면서도 어른들이 건네는 녹혈을 마시는 것은 망설이지 않죠. 사슴농장으로

가는 차 안에서 모기를 잡아 창 밖에 놓아준 것과는 대조적입니다. 모기가 인간의 피를 빠는 것은 생존을 위해 필요한 일이지만, 인간이 녹혈을 마시는 것은 어떤가요? 약간의 가려움도 참지 못하고 모기를 잡아 죽이는 인간이 오로지 녹용과 녹혈의 채취만을 목적으로 사슴을 가둬 기르고 뿔을 자르는 것은 이기적인 행동이란 생각이 들지 않나요?

생각해볼 수 있는 또 다른 문제

〈사슴꽃〉에서 사슴들은 녹용의 채취를 위한 도구로만 다뤄집니다. 사슴농장은 오로지 녹용을 목적으로만 사슴을 기르고, 녹용을 채취하기 위해 사슴을 아무렇게나 넘어트려 목에 틀을 씌웁니다. 고통에 몸부림치는 사슴을 움직이지 않게 잡아놓기만 하면 그만이라는 듯이 말이에요. 인간의 이기심에 의한 고통은 사슴에게만 국한된 일은 아닙니다. 몸에 좋다는 이유로 인간 생존에 꼭 필요하지 않은데도 희생된 다른 많은 동물들이 있죠.

새우를 닮은 생김새 때문에 크릴새우라고 불리기도 하는 '크릴'은 남극해에 사는 플랑크톤의 일종입니다. 크릴은 남극해에 사는 핵심종(核心種, keystone species) 동물이라고 해요. 핵심종이란, 지역 생태계의 중요한 먹이원이라 멸종된다면 그 지역의 생태계에 큰 영향을 미치는 종을 말합니다. 남극 크릴은 남극에 사는 고래, 물개, 상어, 물범, 오징어, 펭귄과 바닷새 등 다양한 동물의 먹이가 됩니다. 그런데 미디어나 홈쇼핑에서 몸에 좋다며 크릴오

일을 판매하는 걸 본 적 있지 않나요? 수많은 해양생물들의 먹이가 되는 크릴을 인간이 먹는 이유는 무엇일까요? 크릴오일은 언젠가부터 건강식품으로 선전되었고, 큰 인기를 끌기 시작했습니다. 수요가 높아지자 크릴의 어획량도 증가했어요. 무분별한 남획으로 크릴의 개체 수는 급감했고, 크릴을 먹이로 삼던 해양생물들은 먹이를 구하기 어려워졌습니다. 우리 몸에 꼭 필요하지도 않은 크릴오일을 건강식품으로 섭취하기 위해 해양 생태계가 너무나 큰 대가를 치르게 되는 것입니다.

인간의 이기심으로 인한 동물 착취는 건강식품을 만드는 데에만 국한되지 않습니다. '맛'을 위해 잔인한 방식으로 희생당하는 동물들도 있죠. 푸아그라와 샥스핀은 맛있는 음식을 만들기 위해 동물을 학대하는 대표적인 사례로 손꼽힙니다. 푸아그라의 수요가 많아지면서, 축산업자들은 기름진 지방간을 만들기 위해 거위의 입을 억지로 벌리고 강제로 모이를 먹여 간을 비대하게 만들었습니다. 샥스핀의 재료인 상어 지느러미를 구하는 방법은 상어를 잡아 지느러미만 잘라내는 것입니다. 그러고는 살아 있는 상어를 바다에 버립니다. 상어 고기는 맛이 없다는 이유로 말이에요. 이렇게 지느러미가 잘린 상어는 헤엄을 칠 수 없어 질식사한다고 해요.

'맛'을 추구하는 것은 인간의 생존에도, 생활에도 필수적이지 않은 그야말로 사치를 위한 것입니다. 맛있는 음식을 먹는 것은 즐거운 일이지만, 순간적인 감각의 즐거움을 위해 다른 동물을 불필요하게 희생시키는 것이 합당한 일인지 고려해봐야 합니다.

친구가 아니어도 생명은 소중해

　인간은 때로 동물에게서 식재료나 약재를 얻기 위해 몸의 일부를 채취하거나 도축합니다. 이 과정에서 동물이 겪을 고통은 쉽게 무시됩니다. 말 못 하는 생명이라는 이유로, 또는 인간이 공감하고 보살펴야 할 만큼 귀엽지 않다는 이유로 말이죠. 우리의 가족이어서, 친구여서, 사랑받아 마땅한 소중한 생명이어서 개를 먹어서는 안 된다면 닭, 돼지, 소는 가족도 친구도 아니기 때문에 도축되어도 되는 것일까요?

　닭은 바둑판같이 빽빽이 배열된 좁은 양계장에 갇혀 알을 낳고, 돼지와 소 또한 좁은 우리에 갇혀 움직이지도 못한 채 도축되기만을 기다리며 생을 보냅니다. 최소한의 비용으로 달걀, 우유, 고기와 같은 제품 생산의 효율을 최대로 올리기 위해 '공장식 축산' 방식으로 동물을 기르기 때문입니다. 동물들은 더 많은 달걀, 더 많은 고기를 위해 좁은 공간에 다닥다닥 갇혀서 평생을 보냅니다. 이렇게 대량으로 사육된 동물들은 평생 도구로 취급되다가 존엄성을 상실한 채로 죽음을 맞이합니다.

　축산 동물은 우리와 마찬가지로 고통을 느끼며, 살고자 하는 본능이 있는 생명입니다. 하지만 좁은 공간에 밀집된 채 살아가는 생활방식은 엄청난 스트레스를 유발하고, 도축은 동물의 고통을 무시한 채 비윤리적인 방식으로 이루어집니다. 열악한 생활 환경으로 인해 면역력이 약해져 병에 걸리기라도 하면 공간의 밀집도 때문에 전염병이 급격히 확산됩니다. 인간들은 감염의 전파를 막기 위해 살아 있는 동물을 땅에 묻습니다.

효율성이라는 미명 아래, 인간의 욕구를 채우기 위해 착취되는 동물들의 삶은 누구도 기억해주지 않고 누구도 소중히 여기지 않습니다. 그건 아마 그들의 고통을 알지 못하기 때문일 거예요. 식탁에 올라오는 음식이 어디에서 오는지, 마트에 진열된 고기가 어떤 과정을 거쳐 우리에게 오는지 우리는 알지 못합니다. 때로는 아는 것이 불편한 일이 될 수도 있어요. 하지만 우리가 먹는 것들이 다른 무언가의 희생으로 만들어졌다는 사실을 알아야 합니다.

사람은 사람뿐만 아니라 다른 동물들, 식물들과 지구를 공유하며 함께 살아갑니다. 사랑스럽거나 가깝지 않아도, 친구나 가족이 아니어도 모든 생명체는 그 자체로 존중받으며 살아가야 하고요. 이들의 고통에 공감할 수 있을 때 모두가 함께 살아가는 지구를 꾸려나갈 수 있을 거예요.

생각 펼치기

1 동물이 배고픔, 상해 및 질병, 스트레스 등에 시달리지 않고 본래의 습성을 유지하며 살 수 있는 조건을 제공하는 것을 '동물복지'라고 합니다(AWARE, 2022). 닭, 소, 돼지 등을 비롯해 지구촌의 다양한 생물들이 인간의 이익을 위해 고통 받고 있습니다. 이들의 동물복지를 위해 사람들이 어떤 노력을 기울이고 있는지 주변에서 찾아 써보세요. 또 동물복지를 실천하기 위해 내가 할 수 있는 노력에는 어떤 것들이 있을지도 함께 생각해보세요.

동물복지를 위한 사람들의 노력	
내가 할 수 있는 노력	

2 공장식 축산업은 농장동물의 동물권을 침해한다는 측면에서 문

제가 되지만, 지구 환경에 밀접하게 연관되어 있다는 점에서 우리 삶에도 영향을 끼칩니다. 아래 제시문을 읽고, 공장식 축산업이 환경에 미치는 영향에는 어떤 것이 있는지 정리해보세요.

수렵과 채집에서 농경과 목축으로, 인류의 발전은 안정적인 식량 공급을 가능하게 했습니다. 자원이 풍부해지고 풍족한 생활을 누릴 수 있게 되면서 인류의 고기 소비도 함께 증가했습니다. 늘어난 수요에 대응하기 위해 사람들은 더 효율적인 방식으로 동물을 사육하기를 원하게 되었습니다. 이러한 배경을 바탕으로 공장식 축산업이 발전했습니다. 좁은 공간에서 많은 동물들을 사육하는 형태의 공장식 축산은 국내뿐 아니라 전세계 축산업의 지배적 형태입니다. 그런데 공장식 축산업이 왜 문제가 될까요? 이를 알기 위해서는 공장식 축산업이 지구 환경에 큰 영향을 미친다는 점을 살펴볼 필요가 있습니다.

서울환경운동연합은 소를 키우기 위한 목초지, 소가 먹을 곡물을 생산하기 위한 경작지를 얻기 위해 1년 사이 아마존 열대우림의 70% 크기가 파괴된다는 점을 지적했습니다. 뿐만 아니라 토마토 1kg을 생산하는 데 필요한 물의 양은 단 180리터이지만, 소고기 1kg을 생산하는 데 필요한 물의 양은 1만 5,500리터이며 "농·축산업이 전체 담수 사용량의 70%를 사용하고 있다"고 밝혔습니다.

공장식 축산은 온실가스 배출의 가장 큰 원인 중 하나이기도 합니다. 사료로 쓰일 콩을 재배하는 과정에서 열대우림이 파괴되고 이산화탄소가 배출되며, 가축들의 트림이나 배설물 등에서는 메탄가스가 발생합니다. 가축의 배설물이나 곡물재배에 쓰이는 비료에서는 이산화질소가 발생하고요. 유엔 농업식량기구(FAO) 보고서에 따르면 연간 온실가스 배출량 중 15%가 축산업에서 발생한다고 합니다. 이는 전 세계 모든 교통수단이 발생시킨 온실가스보다 더 많은 배출량입니다.

한편 국회입법조사처는 공장식 축산과 전염병 바이러스의 관계에 대해 언급하며 공장식 축산 시스템에서는 밀집 사육과 유전자 다양성 결여 때문에 가축 전염병이 급속도로 확산되기 쉽다고 지적했습니다. 가축이 밀집된 환경에서는 전염병 대응이 어렵다는 점도 문제입니다. 전염병이 발생하면 인근 지역 농가들까지 사육 동물을 대규모 살처분해야 하는 것입니다. 조류독감 등 가축 전염병 살처분 비용은 농가와 정부에도 경제적 부담이 되고 관련자들의 극심한 스트레스를 유발하기도 합니다.

공장식 축산업이 환경에 미치는 영향

1.

2.

3.

☑ 생각 날기

1 공장식 축산업은 최소 비용으로 고기, 달걀 등의 제품을 생산할 수 있다는 측면에서 효율적인 산업 형태입니다. 하지만 살아있는 생명을 도구화하고 동물권을 침해한다는 측면에서 많은 반발을 낳고 있죠. 여러분은 공장식 축산업에 대해 어떻게 생각하나요? 효율성이 더 중요하다는 의견과 동물의 권리를 침해해서는 안 된다는 두 가지 의견 중 한 가지를 정해 자신의 주장을 펼치는 토론문을 구성해보세요.

주장 : 공장식 축산업의 효율성이 더 중요하다. / 효율성보다 동물권 존중이 더 중요하다.

주장에 대한 근거1 :

주장에 대한 근거2 :

주장에 대한 근거3 :

위 내용을 바탕으로 토론문을 작성해보세요.

The Turning Point
스티브 커츠 | 프랑스 | 2020

Migrants
휴고 카비 외 | 프랑스 | 2020

HYBRIDS
플로리안 브라우흐 외 | 프랑스 | 2017

환경 문제는 지금 당장 남의 일처럼 보이기도 합니다. 하지만 뉴스를 보면 북극의 빙하가 녹고, 가뭄이 계속 돼 마실 물이 부족하고, 이상 기후가 지속되는 등 끔찍한 미래가 눈앞에 바싹 다가온 것처럼 느껴집니다.

이번 장에서는 환경오염이 왜 발생했는지, 앞으로 우리는 무엇을 반성하며 살아야 하는지 살펴보도록 합니다.

관련된 교과

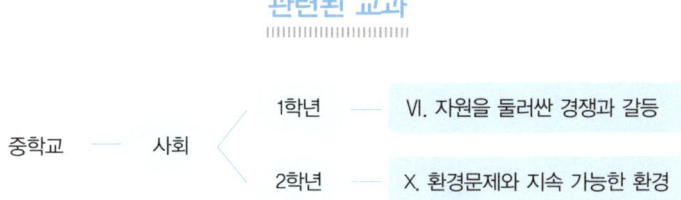

교과서 속 인문학 콘셉트

 자원이란 인간 생활에 쓸모가 있고, 현재 기술로 개발할 수 있으며 경제적으로 이용 가치가 있는 것을 말합니다. 하지만 우리가 일상생활에서 사용하는 자원은 한정되어 있지만 인구 증가, 석유 수요 증가, 기후 변화에 따른 생산량 감소 및 소비 증가 등의 원인으로 국가 간 갈등을 야기하기도 합니다.

 기후는 지구의 역사가 시작된 이래 끊임없이 변화하고 있습니다. 이러한 기후 변화는 자연적 요인과 인위적 요인에 의해 나타납니다. 과거의 기온 변화가 자연적 요인의 영향을 많이 받았다면 최근의 기온 상승은 인위적 요인의 영향이 크며, 대기 중으로 배출되는 온실가스의 양이 증가한 영향이 큽니다. 지구의 평균 기온이 상승하면서 극지방과 고산지대의 빙하가 녹아 해수면이 꾸준히 상승하고 있습니다.

 이러한 환경 오염 문제의 배경에는 산업혁명과 기술 혁신이 있습니다. 인구가 폭발적으로 증가하고 편리한 생활을 추구하면서 과거보다 더 많은 자원을 소비하고 있으며, 버리는 것도 많아졌어요. 자원은 유한하지만 소비와 폐기하는 분량은 커지고 이에 따른 갈등은 점점 증가하고 있습니다.

먼저 알아둬야 할 개념들

자원의 의미와 종류

자원이란 인간 생활에 쓸모가 있고, 현재 기술로 개발할 수 있으며 경제적으로 이용 가치가 있는 것을 말합니다.

좁은 의미에서 자원은 천연자원을 말하는데, 천연자원은 곡물, 육류와 같은 식량 자원과 석유와 천연가스, 석탄과 같은 에너지 자원, 그리고 철광석, 구리와 같은 광물 자원 등으로 구성됩니다. 넓은 의미에서 자원은 노동력, 창의력 등의 인적 자원과 사회 제도, 전통 등의 다양한 문화 자원을 포함합니다.

한편 자원은 재생 가능성에 따라 태양광, 풍력, 수력 등과 같이 무한정 사용할 수 있는 재생 가능한 자원과 석유, 석탄, 천연가스 등과 같이 사용에 따라 고갈되는 재생 불가능한 자원으로 구분됩니다.

자원의 특성

우리가 일상생활에서 사용하는 자원은 대부분 매장량이 한정되어 있어 재생할 수 없는데, 이러한 특성을 자원의 유한성이라고 합니다. 그리고 자원은 지역적으로 고르게 분포하지 않고 일부 지역에 집중적으로 분포하는데, 이러한 특성을 자원의 편재성이라고 합니다.

한편 자원의 가치는 시대와 장소, 과학 기술의 발달, 사회적·문화적 배경 등에 따라 변화하는데, 이러한 특성을 자원의 가변성이라고 합니다.

자원을 둘러싼 갈등

최근 인구가 증가하고 산업이 발달하면서 물 자원을 확보하기 위한 국가 간 경쟁이 치열해지고 있습니다. 예를 들어, 여러 국가를 거쳐서 흐르는 국제 하천을 둘러싸고 상류에 있는 국가와 하류에 있는 국가 간에 물 자원을 확보하기 위한 갈등이 일어나기도 합니다.

또한 석유의 수요가 증가하면서 석유 자원의 확보 및 개발과 관련된 국가 간 갈등이 늘어나고 있습니다. 특히 자원 민족주의의 확대로 석유 자원을 둘러싼 경쟁과 갈등이 더욱 치열해졌습니다. 석유가 많이 매장되어 있는 페르시아만 지역은 석유 확보와 관련하여 여러 차례 전쟁을 겪었으며, 카스피해, 기니만 연안, 남중국해 등에서도 주변 국가 간에 분쟁이 발생하고 있습니다.

다음으로 식량 자원을 둘러싼 갈등이 있습니다. 식량 부족 문제는 기후 변화에 따른 식량 생산량 감소, 육류 소비 증가에 따른 사료용 곡물 수요 증가, 빠른 인구 증가에 따른 식량 수요 증가, 식량 분배의 불균형 등에 의해 발생합니다. 특히 국제 식량 대기업의 영향력이 확대되면서, 국제 곡물 가격이 급등할 때 곡물을 충분히 수입하기 어려운 국가에서는 식량 부족 문제가 발생하기도 합니다.

기후 변화의 의미와 원인

기후는 지구의 역사가 시작된 이래 끊임없이 변화하고 있습니다. 이러한 기후 변화는 자연적 요인과 인위적 요인에 의해 나타납니다.

기후는 화산 활동에 따른 화산재 분출, 태양 활동의 변화, 태양과 지구의 상대적 위치 변화 등 자연적 요인에 의해 변화합니다. 그리고 산업 혁명 이후 공장과 가정에서 화석 연료 사용에 따른 온실가스 배출, 도시화, 무분별한 토지 및 삼림 개발 등 인위적 요인에 의해서도 기후가 변화합니다.

지구 온난화

과거의 기온 변화가 자연적 요인의 영향을 많이 받았다면 최근의 기온 상승은 인위적 요인의 영향이 크며, 대기 중으로 배출되는 온실가스의 양이 증가한 영향이 큽니다. 지구의 연평균 기온은 지난 100년 동안 급격하게 상승하였으며, 현재와 같은 속도로 온실가스를 계속 배출하면 그 속도는 더욱 빨라질 거예요. 대기 중에 온실가스의 양이 많아지면서 온실 효과가 과도하게 나타나 지구의 평균 기온이 높아지는 현상을 지구 온난화라고 합니다.

기후 변화의 영향

기후 변화는 지구에 다양한 영향을 미칩니다. 지구의 평균 기온이 상승하면서 극지방과 고산지대의 빙하가 녹아 해수면이 꾸준히 상승하고 있으며, 그 결과 해발 고도가 낮은 곳은 바닷물에 잠기게 됩니다. 투발루는 국토가 침수되고 있는 대표적인 국가로, 기후 변화가 국가의 존립을 위협하고 있습니다.

또한 집중 호우와 홍수가 잦아지거나 가뭄과 사막화가 심해지는 등의 다양한 기후 변화 현상으로 어려움을 겪는 지역이 나타나고 있습니다.

자원 소비 증가에 따른 환경 문제

산업혁명과 기술 혁신으로 인간이 자연의 제약을 극복하면서 인구가 폭발적으로 증가하였고, 이는 환경을 악화시키는 요인으로 작용하였습니다. 소비의 증가로 폐기물의 양이 늘어나면서 생태계의 수용 능력을 넘어서는 각종 오염이 발생하였습니다. 도시화와 그에 따른 교통량의 증가, 폐기물 및 생활 하수 등 오염 물질의 대량 방출도 환경 문제를 심화하는 요인입니다.

생활 속의 주요 환경 이슈

우리가 편리한 생활을 추구하면서 과거보다 더 많은 자원을 소비하고 있으며, 버리는 것도 많아졌습니다. 특히 종이컵과 스티로폼, 나무젓가락 등 일회용품과 포장재 사용이 늘어나면서 쓰레기 문제가 더욱 심각해지고 있으며, 쓰레기 매립이나 소각을 둘러싼 갈등이 발생하고 있습니다.

과학 기술의 발달로 병충해에 강하고 수확량이 많은 유전자 재

조합 식품(GMO)을 만들었으나, 인체 유해성 및 생태계 교란 여부가 명확하게 밝혀지지 않아 논란이 되고 있습니다. 또한 먹거리의 세계화로 우리나라에서 멀리 떨어진 국가에서 수입하는 먹거리의 소비가 증가하고 있는데, 이것이 이동하는 과정에서 발생하는 환경 문제에 많은 사람의 관심이 증가하고 있습니다.

학습목표

1 자원의 의미와 유한성이라는 특징에 대해 익힌다.

2 기후 변화의 원인 및 의미와 환경 오염에 대해 익힌다.

3 자원의 고갈과 환경오염의 관련성에 대해 익힌다.

4 배운 것을 토대로 글짓기에 적용해 본다.

공존의 길을 찾아서

매일매일 세상이 바쁘게 변화하는 와중에도 달라지지 않는 것이 있습니다. 공기와 태양, 바다가 있으며 기후와 계절이 존재한다는 사실입니다. 빠르게 흘러가는 일상 속에서 우리는 이를 의식하지 못한 채 하루를 보내고는 합니다.

하지만 최근 곳곳에서 이상한 뉴스가 보입니다. 지구 온난화로 인해 남극의 빙하가 빠르게 녹고 있으며, 동물들의 몸에서 플라스틱 빨대가 나오고, 지나치게 덥거나 추운 날씨가 지속되는 등, 변함없을 줄 알았던 환경에 변화가 생기고 있습니다.

문제는 이러한 변화가 단순한 해프닝이 아니라 불길한 조짐이라는 점입니다. 20년 후 식량 위기가 닥친다는 예견이 있으며, 새로운 질환이나 전염병이 발생할 수도 있습니다. 더 이상 지구의 자정 작용에 모든 것을 맡기기는 힘들다고 많은 이들이 경고합니다.

결국 환경을 지켜야 한다는 사실을 공감해도 막상 실천하기는 힘든 때가 있습니다. 더울 때 에어컨을 켜지 않고, 플라스틱 사용과 육류 소비를 줄이기도 해야 합니다. 편안한 생활을 어느 정도

포기해야 하기 때문에 실천이 쉽지 않습니다.

이런 점에서 생각해볼 때, 우리의 편안한 삶은 다른 것들을 희생하며 만들어졌다는 성찰을 해볼 수 있습니다. 지구는 바다와 육지, 인간 외 동물과 식물 등 다양한 자연이 어우러져 공생하는 공간입니다. 기술 발전은 인간의 편안한 삶과 복지를 증대시켰지만 다른 자연 존재들을 착취하며 행해지기도 했습니다.

인간의 삶을 발전되기 이전으로 완전히 돌릴 수는 없습니다. 그래서 환경을 지키는 실천뿐 아니라, 생태계와의 공존에 대해 성찰해야 합니다. 애니메이션 중에도 환경에 대한 성찰을 담은 작품들이 몇몇 있습니다. 이 작품들이 어떤 점을 포착하고 비판하는지, 그리고 어떤 메시지를 전달하는지 살펴보며 인간과 자연의 관계에 대해 성찰하는 시간을 가져보세요.

〈The Turning Point〉: 동물과 인간을 바꿔 보여주는 비극

〈The Turning Point〉[1]는 바쁘게 살아가는 동물들의 모습을 보여주며 시작합니다. 동물들이 회사에서 일하고 음료수를 마시는 장면들은 낯선 모습이지만 왠지 익숙합니다. 그 이유는 다음 장면에서 바로 알 수 있습니다. 플라스틱 쓰레기를 먹고 기이한 모습이 되거나 폐수로 가득 찬 땅에서 죽어가는 인간들의 모습이 등장합니다. 빙하가 다 녹아 얼마 안 남은 얼음 조각 위에서 서로

---

1 https://www.youtube.com/watch?v=p7LDk4D3Q3U

끌어안은 인간 가족들도 있습니다. 이 애니메이션은 인간과 동물의 역할을 서로 바꿔서 보여주고 있던 것입니다.

인간이 먹거나 마시고 버린 음식물들은 그대로 자연 환경에 남아서 동물들의 생태계를 위협합니다. 망가진 환경에서 자라는 동물들은 먹을 게 없고 병에 걸려 죽습니다. 애니메이션 결말에 인간이 멸망해서 박물관에 호모사피엔스 종으로 전시되는 모습처럼, 이제는 멸종돼 박물관에서만 볼 수 있는 동물들도 있습니다.

서양에서는 중세에서 근대로 발달하는 동안 세계에 대한 관점은 크게 바뀌며 이성 중심적인 철학이 발달했습니다. 당시 사람들은 자연의 동·식물에게는 이성이 없다고 믿었고, 인간보다 비천한 존재로 취급했습니다.

이후 산업혁명이 가속화되면서 기술이 발달하자 상품의 대량 생산이 가능해졌습니다. 그만큼 소모되는 자원 역시 많아졌습니다. 과거와는 비교도 안 될 정도로 많은 나무를 벴습니다. 음식 또한 대량으로 생산하기 위해 대형 목장이 생겼고 어획량도 많아졌습니다. 그러자 먹을 것이 부족한 동물들이 멸종 위기에 놓이고 있습니다. 그동안 인간의 식탁은 풍성하게 발전했습니다.

우리는 마트에 진열된 고기 팩을 보면서 살아 있는 동물의 모습을 쉽게 상상하지 않습니다. 집에서 가족처럼 키우던 동물을 직접 죽이고 먹는다면 비난받을 수 있습니다. 하지만 마트에서 파는 고기는 먹기 위해 파는 음식이지, 우리의 소중한 가족이나 친구는 아닙니다. 따라서 고기가 어떻게 만들어지고 오는지 상상하기 힘듭니다.

〈The Turning Point〉는 그러한 인간들의 무관심한 자세를 비판하기 위해 동물들의 무심한 모습을 연출해서 보여줍니다. 인간이 어떻게 죽든 동물들은 관심 없습니다. 도축되는 동물이 당하는 폭력이나 생산 과정에서 발생하는 환경오염은 식량 생산이란 명목 아래 종종 무시당합니다.

이러한 인간중심주의적인 시각은 인류의 종말을 앞당기고 있습니다. 생태계가 파괴되면서 인간 역시 식량이 줄어들고, 코로나 바이러스와 같은 전염병들이 점차 생겨나고 있습니다. 인간은 결코 유일하게 이성을 가진 독보적인 존재가 아니며, 멸망하지 않기 위해서는 지금이라도 공존하며 살도록 성찰해야 한다는 점을 〈The Turning Point〉는 짧은 분량으로 지적합니다.

〈Migrants〉:
녹아내리는 빙하, 바뀐 북극곰의 삶, 그리고 이방인이라는 존재

〈Migrants〉[2]는 불어로 '이주민'이라는 뜻입니다. 녹아가는 빙하 위에 어미와 새끼 북극곰이 위태롭게 올라타 있습니다. 불행히도 빙하는 녹아서 그대로 낯선 땅으로 흘러갑니다. 그곳은 북극과는 환경이 전혀 다른 정글입니다. 두 북극곰은 원래 그 땅에서 살던 갈색 곰과 조우합니다.

갈색 곰들은 두 북극곰을 괴롭힙니다. 갈색 곰들의 괴롭힘 때

---

2 https://www.youtube.com/watch?v=ugPJi8kMK8Q

문에 북극곰들은 편하게 생활하기는커녕 제대로 먹지도 못합니다. 그런데 사실 이곳에 온 북극곰은 이 두 마리가 다가 아니었습니다. 북극에 살던 모든 북극곰들이 빙하가 녹으면서 이곳에 왔지만, 결국 마지막에는 무사히 정착하지 못하고 경찰 곰들에게 떠밀려 다시 떠납니다.

인형을 활용한 귀여운 스톱모션 애니메이션이지만, 마지막 장면에서 등장하는 짓밟힌 곰인형은 실제 현실 속 누군가의 인형입니다. 북극곰들의 이야기는 원래 살던 곳에서 쫓겨나 다른 곳으로 이주해야만 하지만 정착하지는 못하는 난민의 삶과 유사합니다. 즉 이 애니메이션은 이 이야기가 가상의 이야기가 아닌 지금 벌어지고 있는 현실에 대해 말하고 있음을 연출로 보여주고 있습니다.

이성 중심주의적인 사상은 인종차별 문제로도 발전했습니다. 이성이 없는 존재는 비천하다는 것처럼, 특정 인종들 역시 비이성적이며 문명을 발전시키지 못한 짐승과 같은 존재라고 여겨 노예로 다루며 학대하고는 했습니다. 2차 세계대전 이후 커다란 전쟁의 참상을 겪고 나서야 이에 대한 비판이 집중적으로 이루어졌습니다. 그러나 몇몇 국가는 여전히 그 전쟁의 여파를 극복하지 못하고 결국 분열됐거나 새로운 갈등을 빚고 있습니다.

난민 문제는 어느 날 갑자기 하늘에서 뚝 떨어진 문제가 아니라 역사적인 배경 아래 누적된 갈등 중 하나입니다. 각 국가의 자원이 대량생산 시대 이후 인구수에 따라가지 못하며 빈부격차가 발생하는데, 최근에는 난민을 받아들여야 한다는 문제도 함께 떠오르고 있습니다.

〈Migrants〉의 북극곰들은 그저 자연스럽게 북극에서 태어나 북극에서 살아가고 있던 동물들입니다. 이들이 정글에 온 것은 강제적인 이주에 가깝습니다. 그럼에도 토착 곰들은 북극곰들을 괴롭히고 쫓아냅니다. 먹을 것 몇 개를 주는 것에도 인색한 모습을 보이기도 합니다.

최근 뉴스를 보면 환경오염으로 인한 식량 부족과 영토 문제가 커질수록 난민 문제 역시 더욱 커다란 갈등이 될 수 있다는 점을 느낄 수 있습니다. 다른 이들을 포용하기 위해 우리는 어떤 점을 더욱 노력하고 고민해야 할까요?

〈HYBRIDS〉: 쓰레기로 이루어진 먹이사슬

〈HYBRIDS〉[3]의 줄거리 자체는 단순합니다. 바다 속 약육강식의 세계에서 상위 포식자가 하위 개체를 잡아먹고, 남은 고기를 먹는 물고기를 또 다른 동물이 잡아먹는 먹이사슬의 세계를 다루고 있습니다.

하지만 〈HYBRIDS〉가 보여주고자 하는 스토리는 약육강식 줄거리 자체가 아닙니다. 영상 속에서 가장 중요한 것은 실사에 가깝게 사실적으로 묘사된 물고기들의 몸 자체입니다. 제일 처음 등장했다가 상어에게 잡아먹히는 물고기의 몸통은 몸 그 자체가

---

3 https://www.youtube.com/watch?v=acnWy-tl3ng&t=310s

아니라 드럼통입니다. 물고기를 잡아먹는 상어의 이빨도 자동차 헤드라이트입니다. 캔뚜껑 몸을 가진 집게를 잡아먹는 거북이의 등껍질은 쇠입니다.

영상 후반부에 잠깐 등장하는 난파선의 모습을 통해, 해양오염이 발생했다는 것을 알 수 있습니다. 또한 오염된 물고기를 먹은 물고기가 또 오염되면서 연쇄가 이어지고 점점 몸이 변하게 되었다고 짐작해볼 수 있습니다.

마지막 바다에서 올라온 거북이를 육지 동물이 잡아먹는 장면은, 이 연쇄가 바다 속에서만 끝나는 일이 아니라는 점을 경고합니다.

최근 해양오염이 심각해지고 있습니다. 이를 국가적으로 용인하기도 합니다. 바다를 파괴해서 얻는 이윤은 영원하지 않지만 해양오염은 돌이킬 수 없습니다. 〈HYBRIDS〉 속에서 살아 있는 인간은 전혀 등장하지 않고, 난파선만 쓸쓸히 남아 있는 모습은 이미 멸망한 인류 문명을 경고하는 모습으로 보이기도 합니다.

결론

환경오염은 역사적으로 쌓이고 누적된 문제입니다. 우리의 삶, 사회와 분리되어 갑자기 발생한 천재지변이 아닌 인간의 잘못된 판단으로 발생한 문제로 볼 수 있습니다. 이상기후를 보며 낙관적인 미래보다 흉흉한 앞날을 바라보는 사람들의 불안을 일상에서도 이제 쉽게 접할 수 있습니다.

사람들의 우려와 불안에도 불구하고 세상은 나날이 안 좋은 방향으로 흘러가는 것처럼 보입니다. 영토와 자원이 한정된 세상에서 각 국가는 저마다의 이익을 추구하기 마련이고, 이는 전쟁으로 번지며 일상을 위협하게 됩니다. 우크라이나와 러시아의 전쟁, 이스라엘의 팔레스타인 침공 등의 사건이 일어나면서, 자연이 파괴되는 모습과 마찬가지로 우리가 손을 쓸 수 없이 세상이 폭력에 물드는 모습을 무력하게 지켜보게 되는 것 같습니다.

무력감에 빠지지 않기 위해서는 인간, 그중에서도 특정 인간만이 우월하다는 인식에서 먼저 벗어나야 합니다. 동물과 환경 역시 인간과 동등한 생명체라는 관점을 가져야 하며, 세계 속 다양한 존재와 연대감을 가질 수 있도록 성찰해야 합니다. 우리가 쌓아온 역사와 문명을 보존하기 위해, 편리함을 위해 희생했던 자연과 관심 없었던 약자와 세상에 대한 관심을 가져보며 희망을 품어보세요.

✅ 생각 펼치기(토론 논술 활동)

1 내가 좋아하는 것에 대해 생각해보세요.

1) 그리고 그것이 환경에 어떤 영향을 미치는지 생각해보세요.

2) 오염을 줄이고 환경을 지키기 위한 방법은 무엇이 있을까요?

2 현재 발생하고 있는 환경오염의 사례들을 써보세요.

3 쓰레기 재활용, 플라스틱 줄이기 등 우리는 환경을 위해 많은 노력을 실천하고 있습니다. 그럼에도 2에서 작성한 환경오염들은 왜 쉽게 해결되지 못하고 있을까요? 이유를 생각해 써보세요.

4 다음 글을 읽고 야생동물을 멸종으로 내모는 것이 왜 문제인지 여러 관점에 따라 생각해보세요.

지난해 호주에서 144개 동식물이 멸종 위기로 분류되며 사상 최대 증가치를 기록했다.

영국 가디언은 21일(현지 시간) 지난해 호주에서 144종의 동·식물군이 멸종 위기종으로 분류됐다고 보도했다. 조사를 진행한 호주환경보존재단(ACF) 측은 멸종위기종 조사를 시작한 이래 최대치라고 밝혔다. 연평균 5배, 직전 최고치 (2009년)보다 2배 많은 수치다.

(중략)

ACF 측은 "문제는 멸종 위기종을 만드는 원인이 사라지지 않고 있다는 것" 이라고 지적했다. 재단 측은 호주 정부가 지난해 1만426헥타르(약 3150만평)의 토지 개발을 승인하며 멜번크리켓경기장(MCG) 면적의 5000배에 달하는 동식물 서식지를 파괴했다고 비판했다. MCG는 10만명 이상을 수용할 수 있는 호주 최대 규모 경기장이다. 재단 측은 실제로 개발된 토지는 법적으로 승인된 면적보다 넓을 것이라고 본다.

ACF는 환경법 개정을 통해 토착 야생동물을 멸종으로 내모는 무분별한 토지 개간을 금지해야 한다고 전했다. 커스티 하위 북부환경센터 전무이사 또한 무분별한 토지개발로 굴디안핀치새, 북부붓꼬리주머니쥐 등 호주 토착종 서식지가 위협받고 있다고 주장했다.[4]

---

4 「"호주, 2023년 '新' 멸종 위기종만 144종…역대 최고 증가세"」, https://www.newsis.com/view/?id=NISX20240122_0002600129&cID=10101&pID=10100, 『뉴시스』, 2024.01.22.

5 1,2,3, 4에서 작성한 내용을 바탕으로 환경을 파괴하는 우리의 자세를 비판하며 토론문을 작성해보세요.

환경이 파괴되는 원인 및 우리의 자세	비판 및 토론
	문제점 : 문제점에 대한 비판 및 반박 : 의견:

생각 날기(글쓰기)

1 동물/식물의 입장에서 '우리 집'을 주제로 소설을 써보세요.

2 환경오염이 어떤 영향을 주는지 함께 생각하면서 써보세요.

마무리 : 주제 논술

생활동반자법을 시행해야 하는가?

생활동반자법이란 혼인, 혹은 혈연관계가 아닌 새로운 가족형태가 보호받을 수 있도록 지정하는 법을 의미합니다. 만일 생활동반자법이 포괄적으로 시행된다면, 동성 친구 관계여도 생활동반자가 되어 전통적인 부부와 같은 국가적 지원을 받을 수 있으며 수술 등 중대한 문제를 가족을 대신하여 결정할 수 있게 됩니다.

현재 출산율이 낮고 비혼 가구가 늘어나는 한국 사회에서 생활동반자법은 기존 가족제도의 문제점을 보완할 대안으로 제시되고 있습니다. 한편으로는 해당 법이 가족구성을 해체하고 오히려 출산율을 저하시킬 수 있다는 문제점이 제기되기도 합니다. 또한 허위로 해당 법을 악용해 지원을 무분별하게 받는 등 악용사례에 대한 우려도 적지 않습니다.

생활동반자법은 현재 프랑스 등 외국에서 실제 시행되고 있는 법이기도 합니다. 세계시민적인 관점에서 볼 때, 현재 생활동반자법은 바로 시행해야 할까요? 자신의 의견을 근거와 함께 논술해보세요.